Copyright © 2024 Tito Lugo MD
Todos los derechos reservados:
"Espejismos en la Red"
Tito Lugo MD©

Los personajes y eventos retratados en este libro son ficticios. Cualquier similitud con personas reales, vivas o fallecidas, es coincidencia y no ha sido intencionada por el autor.

Ninguna parte de este libro puede ser reproducida, almacenada en un sistema de recuperación, o transmitida en cualquier forma o por cualquier medio, ya sea electrónico, mecánico, fotocopiado, grabado, o de otra manera, sin el permiso expreso por escrito del editor.

Writer Guild of América East
Registro Certificado Numero: I369949
Fecha Registrada: 04/20/2024

ISBN - 9798324462710

Portada: Oleo "Los Amantes" de Tito Lugo

Impreso en los Estados Unidos de América

...dedicado...
a mi hermosa esposa...
...Wanda...
...espejismo de un puro amor...

Espejismos en la Red

Tito Lugo MD©

*...en la red de espejismos
la verdad
se disfraza
de deseo...*

I

El dedo índice, casi autónomo en su danza macabra, descendía por las imágenes que, como fragmentos de una sociedad frívola y exhibicionista, se deslizaban por las plataformas sociales. Eran retratos de belleza física, en blanco y negro, siluetas que proclamaban una estética ajena y distante. Imágenes de dietas milagrosas, como pócimas modernas prometiendo la eterna juventud. Fotografías de unas vacaciones familiares en el Congo Belga, un exotismo superficial manchado por la presencia de gorilas domesticados, símbolos de una opulencia decadente.

Y así seguían desfilando: logros literarios, versos cargados de un pathos artificial, otras peripecias diseñadas para una plataforma hambrienta de aprobación instantánea y efímera. Todo ello, un grito desesperado en busca de reconocimiento, una confirmación de nuestra existencia, de nuestro saber, de nuestra habilidad para reconocer y ser reconocidos, buenos, creativos, rebosantes de sátira y humor negro. Era el sustento de un alma acongojada, afligida por la falta de interés en su propio ser.

Mientras mi dedo calloso seguía su descenso inexorable, me detuve ante la ilusión óptica de una joven, ofreciendo su cuerpo renovado a los socionautas. Había remodelado su busto, sus caderas, y el resultado era una obra maestra de la cirugía moderna. Su perfil estaba inundado de 'me gusta', mayormente de índices masculinos, reaccionando a sus constantes insinuaciones corporales en la red.

Con el tiempo, dejé de seguirla, solo para enterarme más tarde de que había sido invitada a salir y, luego, encontrada degollada en un motel de mala muerte. El lugar, un nido de secretos, prohibía cámaras de video y permitía la entrada incluyendo vehículos con cristales ahumados. A nadie le interesaba quien entraba y quien salía mientras pagaran. Así, el cuerpo bellamente reconstruido de Amarilis yacía, una víctima más de un desenfreno que trascendía la mera violencia física.

Yacía tendida, sin vida y sin alteraciones, en la cama rotatoria del motel. Antes de cualquier examen de lesiones, se confirmó que había sufrido violaciones, tanto vaginal como anal, según los análisis forenses de los fluidos. Había semen masculino por todos lados, incluyendo los jugos gástricos. En otras palabras, el asesino, cual depredador enmascarado en las sombras de la cotidianidad, había tejido una red de seducción en torno a Amarilis. A través de las mismas plataformas que ella usaba para exhibir su renovado cuerpo y su ansia de reconocimiento, él había encontrado la manera de acercarse a ella. La había utilizado, aprovechándose de su vulnerabilidad y de su deseo de ser vista, reconocida, deseada. En este acto, él no solo destruyó un cuerpo, sino que también aniquiló un sueño, una esperanza, una búsqueda de algo más en la vida.

En este retorcido escenario, los periodistas, voraces por una historia sensacionalista, no perdieron el tiempo para sacar provecho de la tragedia. El cadáver de Amarilis, yaciendo en un charco de su propia sangre, se convirtió en el centro de un morbo periodístico sin precedentes. Las imágenes de la escena, capturadas clandestinamente, inundaron las mismas redes sociales que, en vida, habían sido escenario de su búsqueda de reconocimiento.

La ironía era cruel. Las mismas plataformas que Amarilis había utilizado para compartir momentos de su vida, ahora servían para exhibir su final trágico. El motel, escenario del crimen, se transformó en una especie de teatro macabro. Los dueños, tras notificar a los inquilinos que su tiempo había expirado, se encontraron con el silencio como respuesta. La Ford Bronco negra, que había entrado con su ocupante y víctima, había desaparecido en la oscuridad de la noche.

Al forzar la puerta del cuarto, se toparon con una escena dantesca que nunca podrían olvidar. Las fotos tomadas apresuradamente comenzaron a circular, alimentando el voraz apetito del público por el escándalo. Un periodista en particular, conocido por su trabajo en la prensa amarillista, vio en estas imágenes una oportunidad de oro. Creyendo tener en sus manos material para un

Pulitzer, comenzó a tejer su historia, explotando cada detalle morbosamente.

La muerte de Amarilis, por ende, se convierte en un símbolo poderoso de las relaciones contemporáneas, donde lo virtual y lo real se entremezclan a menudo, con consecuencias peligrosas. Su asesinato no es solo un acto de violencia física; es también un reflejo de una sociedad que valora a las personas como objetos, como imágenes en una pantalla, despojándolas de su humanidad.

El agente Ernesto Prieto, del precinto cinco, asumió la tarea de desentrañar el enigma que envolvía el cruel asesinato de Amarilis. Con la meticulosidad de un cazador experimentado, comenzó su investigación en el punto de partida más lógico en estos tiempos modernos: las redes sociales de Amarilis. Allí, en el laberinto digital, esperaba encontrar pistas sobre su vida antes de emprender el viaje al centro de la isla para entrevistar a su familia.

Amarilis, una a cuya belleza no pasaba desapercibida, residía con sus padres naturales. Su vida laboral transcurría en el asilo de ancianos, donde su presencia era una luz en la rutina de los residentes. Sin embargo, no todo era admiración inocente; algunos ancianos, en sus momentos de lucidez o confusión, se atrevían a propasarse, pinchando su trasero reconstruido, a lo que Amarilis respondía con una reprimenda, un pequeño cantazo en las manos. No quería que los parientes vieran moretones en sus familiares internados en la casa de salud de ancianos.

La noticia de su muerte sacudió los cimientos de la egida. No solo era un golpe emocional, la pérdida de alguien querido y respetado, sino también un desafío logístico, la búsqueda de una suplente para Amarilis, cuya ausencia dejaba un vacío difícil de llenar. La naturaleza meticulosa del crimen, que parecía ejecutado con la precisión de un cirujano, añadía un nivel adicional de horror y misterio al caso.

El agente Prieto, con un cúmulo de emociones y pensamientos, sabía que el camino a la verdad estaría plagado de obstáculos. Cada testimonio, cada recuerdo de Amarilis, cada interacción digital que ella había tenido, sería una pieza del rompecabezas que tenía que armar. En su búsqueda por justicia, Ernesto se adentraba en un mundo donde la belleza, la locura y la tragedia se entrelazaban de manera indisoluble, revelando las muchas facetas de la vida y la muerte en un mundo cada vez más conectado y, al mismo tiempo, desconectado de la realidad humana.

La humilde familia de Amarilis, sumida en un abismo de dolor, enfrentaba la dura realidad de la muerte de su única hija. Desde niña, Amarilis había soñado con ser enfermera, un deseo inspirado por el amor y el recuerdo de su abuelo, quien había jugado un papel crucial en su crianza. En un hogar donde sus padres trabajaban incansablemente para brindarle un futuro mejor, Amarilis había encontrado en su abuelo no solo cuidado y amor, sino también la inspiración para su futura vocación.

Su aspiración no era solo una carrera; era un homenaje a aquel que le había enseñado el valor de la compasión y el cuidado hacia los demás, especialmente hacia aquellos en sus años crepusculares. La noticia de su trágico final golpeó a la familia como un vendaval devastador. Cada rincón de su hogar se llenó de un lamento profundo, una mezcla de dolor, incredulidad y rabia ante la cruel manera en que Amarilis había encontrado su fin.

La tragedia de Amarilis trascendía el mero hecho de su asesinato; era también la pérdida de un sueño, de un futuro que prometía amor y cuidado para aquellos que, como su abuelo en su momento, dependían de la bondad y habilidad de otros. Para su familia, cada recuerdo de Amarilis era un recordatorio de lo que se había perdido: una vida dedicada al servicio de los demás, cortada de manera brutal e incomprensible.

El cuerpo sin vida de Amarilis, de una belleza ahora etérea y trágica, yacía en la fría y estéril sala de la morgue del instituto forense. La realidad burocrática y la congestión de trabajo en el instituto significaban que pasarían días antes de que los patólogos pudieran realizar la autopsia para determinar las circunstancias exactas de su asesinato, basándose en los hallazgos de la escena del crimen.

La imagen de Amarilis, desnuda y abandonada en la cama redonda del motel, seguía atormentando las mentes de quienes habían visto la escena. Los espejos circulares en el techo, testigos mudos de lo que debían haber sido momentos de placer y abandono, reflejaban ahora un acto de brutalidad y deshumanización. La disposición de la habitación, concebida para amplificar el gozo de los encuentros íntimos, se había transformado en un escenario de horror, un grotesco contraste entre la intención de su diseño y la realidad de su uso final.

Mientras el cuerpo de Amarilis aguardaba en la morgue, la investigación se encontraba en un estado de pausa forzada. Este intervalo, sin embargo, no significaba un cese en la búsqueda de respuestas. El agente Prieto y su equipo seguían recopilando información, entrevistando a posibles testigos y revisando las grabaciones de las cámaras de seguridad cercanas. Cada hora que pasaba sin una autopsia completa era una hora perdida en la carrera contra el tiempo para atrapar al responsable.

Mientras el agente Prieto se sumergía en el mundo digital de Amarilis, un nuevo paisaje de pistas y posibilidades se abría ante él. Los comentarios en las redes sociales, reflejos de admiración, deseo y en algunos casos, una obsesión inquietante, proporcionaban un amplio campo de investigación. Entre los mensajes públicos, Prieto encontró a varios individuos cuyas palabras traspasaban los límites de la cortesía y la admiración para adentrarse en un territorio más oscuro y perturbador.

Los comentarios variaban desde elogios inofensivos hasta insinuaciones más intensas y directas. Algunos de estos usuarios parecían ver a Amarilis no como una persona, sino como un objeto de deseo, algo a ser poseído y consumido. Amarilis esquivaba estas proposiciones con audacia y elegancia, como evidenciaban sus respuestas públicas. Pero, ¿qué ocurría en los mensajes privados, donde las conversaciones podían adquirir un tono más personal y, posiblemente, más siniestro?

El agente Prieto sabía que, para acceder a esta información crucial, necesitaría una orden judicial—un permiso especial—para adentrarse en los mensajes privados por razones vinculadas a la investigación del crimen. Este paso no solo era necesario por la naturaleza sensible de los mensajes, sino también por las leyes de privacidad y protección de datos. Consciente de la importancia de estos datos, Prieto se movilizó para obtener la autorización necesaria de la junta de telecomunicaciones, sabiendo que cada mensaje no leído podría ser la clave para desenmascarar al asesino.

El agente Prieto enfrentaba una de las grandes complejidades de la era digital: la facilidad con la que se podían enmascarar las identidades en las redes sociales. Detrás de cada seudónimo o perfil anónimo, se escondía un potencial sospechoso, cada uno protegido por capas de falsedad y engaño. Direcciones de correo inventadas, nombres ficticios, identidades robadas o fabricadas; el internet era un caldo de cultivo para todo tipo de individuos, desde los más inofensivos hasta los más peligrosos.

Al recibir el informe con los detalles de los usuarios que habían enviado mensajes privados a Amarilis, Prieto se dio cuenta de la magnitud del reto que tenía por delante. La tarea era como buscar una aguja en un pajar, un pajar compuesto por montañas de desechos digitales donde cada pieza de información podría estar contaminada o resultar irrelevante.

Sin embargo, en medio de esta aparente desesperanza, el agente Prieto sabía que debía mantener la cabeza fría y el enfoque claro. Comenzó a clasificar y analizar cada mensaje, buscando patrones, inconsistencias, o cualquier detalle que pudiera apuntar a un sospechoso. Sabía que en investigaciones de esta naturaleza, a veces era el detalle más pequeño el que abría la puerta a la verdad.

Aunque la tarea era desalentadora, el agente Prieto estaba determinado a no dejar ninguna piedra sin mover. Cada mensaje, cada interacción en línea era una posible pista que lo acercaría un paso más a resolver el misterioso asesinato de Amarilis. En este laberinto de identidades ocultas y comunicaciones digitales, la perseverancia y la agudeza del agente serían sus herramientas más valiosas para descubrir al culpable y llevar justicia a la memoria de Amarilis.

En su meticulosa búsqueda de respuestas, el agente Prieto se sumergió en una investigación exhaustiva, entrevistando a testigos en el motel donde se encontró el cuerpo de Amarilis, hablando con familiares, y rastreando a las conexiones en las redes sociales de la joven. Sin embargo, a pesar de sus esfuerzos, se encontraba en un punto muerto, tan desconcertado como el primer día. El único indicio sólido que tenía era la presencia de una Ford Bronco negra con cristales ahumados; una pista que, en su aislamiento, apenas contribuía a avanzar en el caso.

En un tiempo marcado por la rápida difusión de información y la justicia digital, los resultados de la investigación policial fueron decepcionantes para la familia de Amarilis. El dolor de su pérdida se veía agravado por la frustración de no obtener respuestas, de no ver justicia para la joven cuya vida había sido truncada tan abruptamente.

La familia de Amarilis, impulsada por su desesperación y su deseo de justicia, exigió que se involucraran las autoridades federales. Sin embargo, sin evidencia de secuestro o de un crimen que cruzara las jurisdicciones estatales, las autoridades federales se mantuvieron al margen, dejando el caso en manos de la policía local.

Con el paso del tiempo y sin avances significativos en la investigación, la presión de la familia de Amarilis sobre las autoridades no hacía más que aumentar. Se aferraban a la esperanza de que, en algún momento, surgiría una pista crucial, un testigo inesperado, o una revelación que pudiera arrojar luz sobre el trágico destino de Amarilis.

El agente Prieto, a pesar de encontrarse en un laberinto de pistas sin salida, seguía comprometido con el caso, consciente de que la clave para resolver el misterio aún podría revelarse. En esta lucha contra el tiempo y las sombras del crimen, cada día sin respuestas era un recordatorio de la urgencia de su misión y del dolor persistente de una familia que anhelaba justicia para su ser querido perdido.

II

Alfredo Montecinos, en un gesto de relajada contemplación, yacía extendido en una silla de playa en el Hotel Intercontinental Thalasso de Bora-Bora. Sus ojos, perdidos en la majestosa montaña central, encontraban en su silueta una especie de paz ancestral. La gentil moza Ay, cuyo nombre resonaba con el vital elemento del agua en la lengua nativa polinesia, le había ofrecido un Mai-thai, esa mezcla de sabores tropicales que él aceptó con un gesto de agradecimiento, sintiendo cómo la bebida refrescaba su alma tanto como su cuerpo.

Rodeado por los 88 bungalow que esparcían su encanto sobre la propiedad, una vez posesión del célebre actor Marlon Brando, Alfredo no podía dejar de admirar la obra de ingeniería y respeto por la naturaleza que se desplegaba ante él. Brando, en su visión, había logrado una simbiosis perfecta entre el confort humano y el respeto ambiental. A través de tuberías de PVC de 16 pulgadas y 1.8 millas de largo hasta el fondo del mar sacaba el agua más fría y profunda del océano funcionando como un sifón natural que, al pasar por los conductos de aire acondicionado, proporcionaba una frescura ideal a cada uno de los bungalow, sin el coste energético habitual. Luego, esta agua, ligeramente más cálida pero no contaminada, era devuelta a su origen oceánico.

Este sistema, único en el mundo, donde el aire acondicionado de los bungalow utilizaba agua marina fría de las profundidades del mar, había capturado la imaginación de Alfredo. ¿Podría esta maravilla de la ingeniería ser replicada en su isla natal? Soñaba con implementar esta armoniosa convivencia entre la tecnología y el medio ambiente, un modelo donde la naturaleza no solo se utilizaba a favor del ser humano, sino que también se respetaba y conservaba.

Alfredo Montecinos, un experto en resolver crímenes complejos, había ganado fama y fortuna a lo largo de su carrera. Uno de sus casos más notables fue el del asesino en serie del expreso. Hilberto Santos, un ser cuyo apellido contradecía la naturaleza de sus actos, se había convertido en la pesadilla de la isla. Durante tres años, llevó a cabo trece asesinatos meticulosos y brutales, cada uno de ellos dirigido a miembros de la comunidad evangelista, a quienes consideraba su objetivo por razones profundamente arraigadas en su psique retorcida. Sus crímenes no solo se caracterizaban por el acto de matar, sino por la barbarie con la que desmembraba a sus víctimas en un sótano oculto, para después esparcir sus restos en la autovía más concurrida de la isla, bajo el manto de la oscuridad.

La primera revelación de su atrocidad llegó de la manera más macabra posible: Un conductor, al detenerse en la carretera para investigar lo que creía un animal atropellado, descubrió con horror que había pisado una mano humana. Este descubrimiento desencadenó una serie de hallazgos igualmente espantosos, a medida que piezas humanas, brutalmente mutiladas y desfiguradas por vehículos que transitaban a alta velocidad, iban apareciendo en la carretera. Los restos, pertenecientes a doce víctimas más, fueron identificados como miembros de la misma comunidad religiosa de la mujer, lo que llevó a denominarlos los "doce apóstoles" en un giro grotesco de la tragedia.

Este caso, uno de los más oscuros y complejos que Montecinos había enfrentado, lo llevó a los límites de su capacidad como detective. No solo tuvo que rastrear y comprender la mente de un asesino metódico y despiadado, sino que también se vio obligado a lidiar con el impacto emocional y psicológico de una serie de crímenes tan horripilantes. La solución a este misterio requería no solo habilidad forense, sino también una profunda comprensión de la psicología humana y un estómago fuerte para enfrentar los restos desmembrados y retriturados de las víctimas inocentes.

La caza de Hilberto Santos se convirtió en una carrera contra el tiempo para Montecinos, sabiendo que cada día que pasaba podría resultar en otra vida perdida. Este caso no solo probó su ingenio como detective, sino que también lo sumergió en una profundidad de maldad humana que cambiaría para siempre su visión del mundo.

La astucia de Alfredo Montecinos lo llevó a descubrir la conexión entre los macabros crímenes y una específica congregación religiosa. El hilo conductor fue la excomunión humillante de Hilberto Santos por parte de esta iglesia, un evento que destapó el móvil detrás de su ola de terror. Rechazado y mancillado, Hilberto se transformó en un ser consumido por un rencor profundo, canalizándolo en una venganza despiadada contra los miembros de la fe que lo había despreciado.

La captura de Hilberto no constituyó una tarea ardua para un detective del calibre de Montecinos. Su detención puso fin a la pesadilla que se cernía sobre la comunidad, salvando incontables vidas que, de otra manera, hubieran caído en manos de este desquiciado victimario.

El alivio y la gratitud de la iglesia hacia Alfredo se materializaron en un generoso estipendio, recompensando la resolución exitosa de un caso que había desafiado y aterrorizado a la sociedad. Este reconocimiento no solo fue un testimonio de su habilidad y determinación como detective, sino también un capítulo más en su legado de enfrentar y desmantelar las tinieblas más profundas de la criminalidad humana.

Con este último triunfo, Alfredo Montecinos no solo reafirmaba su reputación como un maestro en la resolución de casos complejos, sino que también demostraba su capacidad de navegar en las turbulentas aguas de la psique humana, desentrañando motivaciones ocultas y llevando justicia a aquellos cuya voz había sido silenciada por el terror.

Del mismo modo, resolvió el crimen del empresario canadiense Adam Ashland, asesinado bajo la instigación de su esposa, Áurea Vélez. Adam, descubriendo la infidelidad de Áurea y perturbado por el informe de un detective privado, había decidido divorciarse. Según las leyes, Áurea recibiría poco en un divorcio, pero heredaría una fortuna si Adam moría. Áurea, informada de esto, optó por el asesinato.

Tres años después del crimen, una serie de cartas reveladoras llegaron a manos de Tony "El carnicero", las cuales eran reclamaciones de pago de Alex Pombo, el asesino contratado, a Áurea. Ángel Marcel, cuyo hermano había sido encarcelado erróneamente por el asesinato, descubrió estas cartas y alertó a la policía, lo que llevó a la liberación de su hermano y el arresto de Pombo. Áurea, mientras tanto, había huido a Europa, casándose nuevamente y teniendo dos hijas, pero su comportamiento sospechoso llevó a su nuevo esposo a separarse y llevarse a sus hijas. Aunque las autoridades la vigilaban, no podían extraditarla desde Italia.

Finalmente, Alfredo Montecinos, en un operativo cuidadosamente planeado, atrajo a Áurea a España con una oferta de trabajo falsa. Fue detenida en el aeropuerto de Barajas en Madrid, cerrando así uno de los capítulos más dramáticos y complicados en la carrera de Montecinos.

Alfredo Montecinos, contratado por la familia del fallecido empresario para investigar y capturar a la prófuga Áurea Vélez, recibió una considerable recompensa por su exitoso trabajo. Esta suma sustancial fue la razón por la que decidió tomarse un merecido descanso de sus labores como detective, eligiendo la serenidad y la belleza de la isla polinesia de Bora-Bora como su refugio temporal. En este paraíso, buscaba no solo descanso y desconexión, sino también un momento de introspección y recarga antes de volver a sumergirse en el mundo de la investigación criminal.

Alfredo Montecinos, ahora alejado de las sombras de sus casos anteriores, se encontraba sumergido en la serenidad de Bora-Bora, pero su mente no lograba despegarse completamente de los misterios que había desentrañado en el pasado. Mientras observaba el atardecer reflejado en las aguas cristalinas, una parte de él seguía atada a aquellos laberintos de crimen y conspiración que había dejado atrás.

La paz de Bora-Bora, con su esplendor tranquilo, se vio súbitamente turbada para Alfredo Montecinos. Un sonido inesperado, el tintineo de un mensaje de texto, cortó a través del silencio, arrastrándolo de vuelta al mundo que había intentado dejar atrás. La pantalla de su celular iluminó su rostro con una luz fría, anunciando la llegada de un mensaje de un viejo conocido en el oscuro mundo de las investigaciones criminales. Este contacto, que había operado en las profundidades del crimen y el misterio al igual que Alfredo, llevaba en su mensaje una urgencia palpable.

La nota era breve pero cargada de gravedad. Hablaba de un nuevo desarrollo en un caso que había desafiado la habilidad de los mejores detectives: el misterioso asesinato de Amarilis. Esta mención despertó un eco en la memoria de Alfredo, recordando un caso que había acaparado titulares y provocado desconcierto en los círculos policiales.

La nota en el mensaje de texto decía: "Necesito tu ayuda en un crimen", firmada por el agente Prieto. Un amigo antiguo de la academia de la policía.

Amarilis, una joven cuya vida fue truncada de manera abrupta y violenta, había sido un enigma desde el descubrimiento de su cuerpo. Las pistas eran esquivas, los sospechosos, numerosos, y las motivaciones, turbias. Ahora, este mensaje insinuaba que había una nueva pieza en este complejo rompecabezas, una clave que podría arrojar luz sobre las sombras que rodeaban su trágico final.

Alfredo, con la llegada de este mensaje, se encontró en la encrucijada de un dilema. ¿Debería reinsertarse en el vórtice de este misterio, desplegando una vez más su perspicacia y experiencia? La calma de Bora-Bora, que había buscado como un refugio, ahora se sentía como una jaula dorada. La llamada del misterio era fuerte, una sirenita que resonaba con la promesa de desafíos no resueltos y verdades por descubrir.

Con un suspiro que mezclaba resignación y anticipación, Alfredo Montecinos sabía que su retiro polinesio había llegado a su fin. La historia de Amarilis, tejida con hilos de secretos y silencios, lo llamaba de vuelta al juego del gato y el ratón que él tan hábilmente sabía jugar.

III

Amarilis Cintrón, la joven cuyo destino trágico había conmovido y desconcertado a la comunidad, era una figura en vida que irradiaba una belleza y vitalidad únicas. Nacida en Moca, un pueblo en la encantadora costa noroeste de Puerto Rico, su infancia comenzó en el corazón de la región conocida como Porta del Sol. Moca, un lugar conocido por su impresionante belleza natural, su rica cultura y sus coloridos festivales, era el escenario perfecto para el inicio de la existencia de una joven tan vibrante.

Hija de padres humildes de los campos del barrio Naranjo, en el sureste del municipio, Amarilis creció rodeada de un entorno rural que forjó su carácter y su conexión con la naturaleza. Desde temprana edad, su belleza era innegable: un cabello rubio que brillaba bajo el sol tropical y unos ojos verdes claros que reflejaban la luminosidad del cielo y los campos de su entorno.

Corriendo por los campos de Naranjo como una gacela, Amarilis desarrolló un amor profundo por la naturaleza y la vida al aire libre. Su risa era como música que se mezclaba con el susurro del viento entre los árboles y el canto de los pájaros. Esta conexión con su entorno no solo nutría su alma, sino que también influenciaba su perspectiva de la vida, una donde la simplicidad y la belleza natural eran más valiosas que los adornos artificiales de la modernidad.

A medida que Amarilis creció, se convirtió en una mujer joven cuya presencia era como un refresco para el espíritu, una representación viviente de la gracia y el encanto de su tierra natal. Sin embargo, a pesar de su aparente serenidad y alegría, había capas más profundas en Amarilis, sueños y aspiraciones que iban más allá de los límites de su pequeño mundo en Moca.

La tragedia de su muerte, la cruel interrupción de una vida tan llena de promesas y belleza lanzó una sombra oscura sobre la comunidad que la había visto crecer. Para aquellos que ahora buscaban justicia en su nombre,

Amarilis Cintrón no era solo una víctima en un caso criminal; era un recuerdo de la luz y la vida, cruelmente extinguida, pero cuya historia merecía ser contada y recordada.

Amarilis, cuya temprana vida transcurrió entre los verdes campos de Moca, encontró su camino en la educación en la Escuela Gabriela Mistral, un establecimiento que honraba el nombre de la célebre poeta chilena y Premio Nobel de Literatura. Desde los seis años, Amarilis asistió a esta escuela pública, donde su trayectoria académica, marcada por notas regulares, reflejaba una joven dedicada, pero quizás distraída por los sueños que se extendían más allá de las aulas.

A pesar de no destacar académicamente, Amarilis poseía un corazón generoso y una vocación innata para el cuidado de los demás. Su interés en la medicina nacía de un profundo deseo de ayudar y sanar, de ser una luz en la vida de quienes sufrían. Sin embargo, sus calificaciones no le permitieron acceder directamente a un programa de medicina. Pero, lejos de desanimarse, encontró otra ruta para cumplir su sueño de ayudar a las personas: se hizo enfermera.

Amarilis ingresó en la escuela de enfermería del recinto de ciencias médicas, un camino que, aunque diferente a lo que inicialmente había imaginado, le ofrecía la oportunidad de estar cerca de los pacientes y marcar una diferencia en sus vidas. En la escuela de enfermería, su compromiso y empatía brillaron. Aquí, Amarilis no solo adquirió habilidades técnicas, sino que también desarrolló una profunda comprensión de la humanidad en sus momentos más vulnerables.

El paso de Amarilis por la escuela de enfermería fue una etapa de crecimiento y maduración personal y profesional. En los pasillos y las salas de este centro educativo, aprendió no solo a cuidar cuerpos, sino también a consolar almas, convirtiéndose en una enfermera cuya presencia era un bálsamo para sus pacientes. Su elección de la enfermería no fue un plan B, sino una manifestación de su verdadera vocación: ser una cuidadora, una sanadora, una luz en los momentos oscuros de otros.

La belleza de Amarilis, que emanaba de su ser como una luz radiante, era matizada por sus propias inseguridades. En una cultura donde las curvas pronunciadas eran a menudo celebradas y vistas como un símbolo de atractivo y feminidad, Amarilis se sentía disminuida, consciente de su figura más delgada y menos voluptuosa. Esta percepción de sí misma como "plana" por delante y por detrás se convirtió en una fuente de inquietud y autoconciencia para ella, especialmente durante su adolescencia, un período marcado por cambios y nuevas percepciones sobre el cuerpo y la identidad.

Cada vez que Amarilis se paraba frente al espejo de cuerpo entero, era confrontada por una imagen que le recordaba cómo se apartaba de los ideales de belleza que su cultura a menudo idealizaba. Aunque su rostro irradiaba con ojos verdes y cabellos dorados, su reflejo le devolvía una imagen que no cumplía con las expectativas de su entorno. Esta lucha interna con su imagen corporal era una batalla silenciosa, un rincón de su vida donde la confianza y la autoaceptación libraban una guerra constante contra las normas culturales y los estereotipos.

Sin embargo, esta percepción de Amarilis sobre su propio cuerpo contrastaba con la realidad de su impacto en aquellos que la rodeaban. Para ellos, su belleza no residía en los contornos de su figura, sino en la totalidad de su ser: su sonrisa cálida, su corazón generoso, su inteligencia viva y su espíritu bondadoso. Amarilis, en su humildad y humanidad, ofrecía una belleza que iba más allá de la superficialidad de las apariencias físicas, una belleza que tocaba el alma.

En su carrera como enfermera, su figura era lo último en lo que pensaban sus pacientes y colegas. Para ellos, Amarilis era una presencia reconfortante, una mano amiga en momentos de necesidad. Su lucha interna con su imagen corporal era desconocida para aquellos a quienes tocaba con su cuidado y empatía, demostrando que la verdadera belleza de una persona radica en su capacidad de impactar positivamente en la vida de los demás.

Criada por su abuelo, el padre de su propio padre, Amarilis encontró en él no solo un cuidador, sino también un mentor y una figura paternal en su vida. En ausencia de sus padres, quienes estaban frecuentemente ausentes debido a sus múltiples compromisos y trabajos, fue su abuelo quien tomó la responsabilidad de guiarla a través de los años formativos de su vida.

El abuelo de Amarilis, un hombre de sabiduría y experiencia, le inculcó una serie de valores y enseñanzas que forjarían su carácter y su enfoque en la vida. Fue él quien le enseñó sobre la importancia del trabajo duro y la dedicación, quien le mostró cómo encontrar la belleza en las cosas simples y cómo abrazar la vida con un espíritu de gratitud y positividad.

Bajo su tutela, Amarilis aprendió a apreciar la naturaleza y a encontrar paz en sus vastos campos. Le enseñó las lecciones de la vida a través de las historias de su propia juventud y las experiencias que había acumulado a lo largo de los años. La sabiduría que compartía iba más allá de los consejos prácticos; era una sabiduría que tocaba el alma, que enseñaba a Amarilis a ser fuerte, resiliente y a mantenerse firme ante las adversidades.

La relación entre Amarilis y su abuelo era especial, una conexión profunda que iba más allá de la simple relación abuelo-nieta. En sus ojos, Amarilis no solo era una niña a quien cuidar, sino un espíritu afín, un alma joven que resonaba con su propia comprensión del mundo. Fue esta relación la que ayudó a Amarilis a convertirse en la mujer que era: alguien empática, compasiva y sabia más allá de sus años, cualidades que más tarde serían fundamentales en su carrera como enfermera.

La influencia de su abuelo en su vida dejó una huella imborrable, moldeando no solo su personalidad sino también su visión del mundo. Amarilis, a pesar de los desafíos que enfrentó, incluyendo sus inseguridades y la ausencia de sus padres, se convirtió en una mujer de calidad y provecho, reflejo vivo de las enseñanzas y el amor de su abuelo.

Al concluir su formación en enfermería a los dieciocho años, Amarilis enfrentó un momento crucial en su vida. La reciente pérdida de su abuelo, la figura central en su vida y su guía dejó una profunda huella en su corazón. Su dolor se transformó en un impulso para ayudar a aquellos que, como su abuelo, se encontraban en la etapa final de sus vidas. Con este noble objetivo, Amarilis eligió trabajar en un hogar de ancianos, un lugar donde podía hacer una diferencia significativa.

La isla estaba experimentando un cambio demográfico notable, con una población cada vez más envejecida. Las familias, enfrentando sus propios desafíos y a menudo abrumadas por las exigencias de la vida moderna, encontraban en los asilos de ancianos una solución para el cuidado de sus seres queridos mayores. Estos ancianos, muchos de los cuales habían contribuido significativamente a la sociedad en su juventud, ahora pasaban sus días en estos hogares, con la única compañía de sus recuerdos y la ocasional visita de familiares. Su existencia, marcada por la soledad y el olvido, era una realidad sombría en un mundo que parecía haberse movido sin ellos.

Para Amarilis, cada día en el hogar de ancianos era una oportunidad para brindar consuelo y alegría a estas almas olvidadas. Con una empatía nacida de su propia pérdida, se esforzaba por ser una presencia reconfortante en sus vidas, escuchando sus historias, atendiendo sus necesidades y, lo más importante, recordándoles que aún eran valorados y amados. En cada rostro arrugado y en cada mano temblorosa, ella veía un reflejo de su abuelo, y esto le infundía una pasión y una dedicación que iban más allá de sus responsabilidades profesionales.

La labor de Amarilis en el hogar de ancianos no solo era un tributo a la memoria de su abuelo, sino también una protesta silenciosa contra la indiferencia de una sociedad que demasiado a menudo marginaba a sus mayores. En un mundo que parecía haberse olvidado de estos ancianos, Amarilis se convirtió en un faro de esperanza y en un recordatorio de que la compasión y el cuidado aún existían. Su trabajo, aunque muchas veces pasaba desapercibido, era una forma de resistencia contra la soledad y el abandono, una afirmación de la dignidad y el valor inherentes a cada etapa de la vida humana.

En el recinto de ciencias médicas, mientras Amarilis avanzaba en su formación de enfermería, su camino se cruzó con el de Julio, un joven residente en cirugía general. Julio, con su aire enigmático y una personalidad que destilaba una mezcla de carisma y controversia, estaba inmerso en su propia tormenta personal, luchando contra una crisis de identidad mientras navegaba por las turbulentas aguas de una residencia quirúrgica implacable.

La residencia de cirugía era conocida por su rigidez y severidad, comparada a menudo con un campo de concentración por su rígida estructura y expectativas desmedidas. Las largas horas, la presión incesante y el ambiente altamente competitivo la convertían en un terreno fértil para problemas como la adicción a drogas, el alcoholismo y una alarmante tasa de suicidios entre los médicos. En medio de este entorno, Julio se encontraba constantemente en la cuerda floja, batallando no solo con las exigencias del programa, sino también con sus propias inseguridades y dudas internas.

La aparición de Amarilis en la vida de Julio fue como un rayo de luz en su oscuridad. Quedó instantáneamente cautivado por su belleza natural y su aura de serenidad, tan en contraste con el caos de su vida diaria. Su atracción hacia ella fue intensa, casi posesiva, una llama que encendió un fuego nuevo en su corazón. Esta conexión, sin embargo, llegó con su cuota de complicaciones: Julio tenía una novia a la que amaba, pero la presencia de Amarilis lo dejó desorientado, forzándolo a reconsiderar su vida y sus elecciones.

Amarilis, por su parte, se encontró inesperadamente en medio de un triángulo amoroso que desafiaría su percepción de sí misma y la pondría en el centro de una pasión y un conflicto que nunca había buscado. La relación entre Amarilis y Julio se convirtió en un espejo de las luchas internas de Julio, reflejando su lucha por encontrar su identidad y su camino en un mundo que parecía estar constantemente en su contra.

Este nuevo capítulo en la vida de Amarilis la llevó a una encrucijada emocional y moral, en la que se vio obligada a sopesar los sentimientos de Julio contra su propia integridad y sus valores. Para Amarilis, que siempre había buscado hacer el bien y ser una fuente de cuidado y amor, esta situación presentaba un dilema que iba más allá de lo personal: era una prueba de su carácter y de su capacidad para navegar las complejas aguas de las relaciones humanas.

El encuentro entre Amarilis y Julio en su apartamento marcó un punto de inflexión en la vida de Amarilis, una noche que dejó una cicatriz profunda, no solo físicamente, sino también en su psique. Lo que comenzó con tragos y el uso despreocupado de cannabis se transformó rápidamente en un episodio de violencia y forzamiento, desgarrando el tejido de su percepción del amor y la confianza. La brutalidad de Julio, un acto que transgredió todos los límites del respeto y el consentimiento, dejó a Amarilis en un estado de shock y confusión emocional. Quedo esa noche sangrando con dolor ante su virginidad desgarrada.

La joven de Moca, que había crecido en un entorno de amor y cuidado, se encontraba ahora cuestionando su propia comprensión del amor. ¿Era esta la cruda realidad del sentimiento que tanto había idealizado? ¿O era simplemente una fijación peligrosa y destructiva? El trauma del evento y la confusión que siguió la llevó a tomar una decisión difícil pero necesaria: alejarse de Julio, al menos por un tiempo, para reevaluar su vida y sus sentimientos.

Sin embargo, la decisión de Amarilis de distanciarse solo sirvió para encender una chispa de agresión en Julio. Su obsesión por ella se volvió más intensa, transformando su afecto en una persecución implacable y asfixiante. La relación, que ya era tumultuosa, se convirtió en una espiral de toxicidad, con Julio acosándola sin descanso, incapaz de aceptar su decisión de alejarse.

Para Amarilis, atrapada en esta relación tóxica, cada día se convertía en un desafío para su bienestar y su libertad. La chica que una vez corrió libremente por los campos de Naranjo, ahora se encontraba atrapada en el ciclo vicioso de una relación abusiva, luchando por encontrar una salida. Esta etapa de su vida fue un laberinto oscuro de miedo, duda y peligro, un camino que la llevaba cada vez más lejos de la joven alegre y llena de esperanza que una vez fue.

En medio de esta lucha interna de Amarilis, un día Julio, con su habitual tono de desdén, hizo un comentario que capturó toda la esencia de su menosprecio:

--"¿Sabes, Amarilis? Siempre me ha sorprendido cómo alguien tan 'plana' como tú puede pensar que puede atraer a alguien. Es como si estuvieras compitiendo en una carrera sin siquiera tener piernas para correr,"-- dijo Julio, con una sonrisa burlona.

Amarilis, sintiendo cada palabra como una puñalada, respondió con una mezcla de tristeza y firmeza:

--"Julio, mi valor no se mide en curvas o en la percepción de otros. Estoy aprendiendo a amarme tal y como soy, más allá de lo que tú o cualquiera pueda pensar."--

Este intercambio de palabras, cargado de dolor y revelación, fue un momento decisivo para Amarilis. Se enfrentaba no solo a los comentarios hirientes de Julio, sino también a su propio reflejo, a sus inseguridades y a la lucha constante por aceptar su cuerpo y su identidad. A pesar de la crueldad de sus palabras, Amarilis comenzaba a reconocer su propia fuerza y a rechazar la noción de que su valor como persona dependía de cumplir con ciertos estándares físicos. En su respuesta a Julio, había un atisbo de la resistencia y la dignidad que estaba comenzando a reclamar para sí misma.

En un entorno donde la belleza era medida en términos de voluptuosidad y curvas, Amarilis había aprendido a convivir con la sensación de no encajar en los moldes convencionales. Sin embargo, la constante menospreciación de Julio no solo atacaba su imagen corporal, sino también su valor como persona, haciéndola cuestionar su valía y su identidad.

Estos ataques constantes dejaron a Amarilis en una situación aún más precaria. Luchando ya con el trauma del asalto y el acoso de Julio, las palabras hirientes solo servían para profundizar su dolor y confusión. En medio de este torbellino emocional, Amarilis se encontraba en una encrucijada, buscando la fuerza para reafirmar su identidad y valor más allá de las críticas y el abuso. Su historia se convierte en una de resistencia y redescubrimiento, mientras buscaba reencontrar la confianza y la autoaceptación que Julio y las circunstancias de su vida habían intentado arrebatarle.

La carrera de Julio en la cirugía, marcada por su ambición de especializarse en cirugía cosmética, se vio oscurecida por su comportamiento imprudente y su actitud despectiva. Su carácter impetuoso y su tendencia a desafiar los límites de la práctica quirúrgica convencional le crearon numerosos problemas durante su cuarto año de residencia. A pesar de su habilidad técnica, era su falta de juicio profesional y su enfoque poco ortodoxo lo que lo llevaba a menudo a cruzar la línea de lo aceptable.

Julio, fascinado por la laparoscopia, comparaba el manejo de los instrumentos quirúrgicos con jugar al Nintendo, una analogía que, aunque ilustraba su habilidad, también revelaba una desconexión preocupante con la seriedad y la responsabilidad de la cirugía. Su conducta imprudente llegó a extremos alarmantes cuando, en algunas ocasiones, usaba el cauterio para marcar sus iniciales en el interior del vientre de sus pacientes. Este acto de vanidad y descuido no solo era éticamente inaceptable, sino también un abuso de la confianza depositada en él como cirujano.

Las acciones de Julio generaron una atmósfera de tensión y alarma en el quirófano. El personal de sala, testigo de sus métodos poco convencionales y peligrosos, vivía en un estado constante de aprensión, temiendo lo que Julio pudiera hacer a continuación. Su comportamiento era más propio de un "médico enfermo mental", como lo catalogaban algunos, que de un profesional responsable.

Finalmente, su conducta temeraria y sus violaciones a las normas quirúrgicas llegaron a oídos de los supervisores del programa de residencia. Confrontados con evidencia de su incompetencia y sus actos de mutilación, no tuvieron más opción que destituirlo fulminantemente del programa. La caída de Julio fue rápida y definitiva, un final que reflejaba la gravedad de sus transgresiones.

La expulsión de Julio de la residencia no solo fue una consecuencia de sus actos imprudentes, sino también un recordatorio de que la medicina, en su núcleo, es una práctica basada en la confianza, el cuidado y el respeto por la vida humana, principios que Julio había violado repetidamente. Su partida marcó el cierre de un capítulo oscuro en la historia del hospital y, para Amarilis, representó una liberación de la opresiva sombra que Julio había proyectado sobre su vida.

El despido de Julio de su residencia quirúrgica exacerbó su comportamiento errático y violento, y Amarilis se convirtió en el blanco de su ira desplazada. Atrapada en un ciclo de abuso y acoso, la situación se volvió insostenible para ella. Con una determinación nacida de la desesperación y la necesidad de autopreservación, Amarilis tomó la decisión valiente y difícil de terminar la relación tóxica con Julio, una tarea nada fácil dada la naturaleza obsesiva y controladora de él.

Pese a su decisión de separarse, Julio continuó acosándola, negándose a aceptar el fin de su relación y persistiendo en su comportamiento perturbador. Este periodo fue uno de miedo y angustia para Amarilis, que se encontraba constantemente vigilando su espalda y luchando por mantener su autonomía y seguridad.

Finalmente, Amarilis logró un respiro cuando completó su bachillerato en enfermería. Con su diploma en mano, tomó una decisión crucial: dejar el recinto universitario y regresar a su pueblo natal en Moca, lejos del alcance de Julio. Buscaba un nuevo comienzo, un lugar donde pudiera curar sus heridas y reconstruir su vida lejos de la sombra amenazante que Julio había proyectado sobre ella.

Regresar a Moca significaba más que solo una huida de Julio; era un retorno a sus raíces, a un lugar donde se sentía segura y amada. Buscaba un trabajo fuera del ambiente hospitalario, preferentemente en un lugar que no le recordara la toxicidad y el trauma asociados con Julio y su tiempo en el recinto de ciencias médicas.

Este cambio significativo en su vida marcó el comienzo de una nueva fase para Amarilis, una de recuperación y fortalecimiento personal. A pesar de las cicatrices del pasado, estaba determinada a reconstruir su vida sobre cimientos de paz, seguridad y autonomía, lejos de la influencia destructiva de Julio y los dolorosos recuerdos de su relación. Amarilis, una vez una joven llena de esperanza y sueños, ahora se enfrentaba al desafío de volver a encontrar su camino en un mundo que había sido irrevocablemente alterado por su experiencia.

Alejada de la sombra de Julio, Amarilis encontró un santuario en el asilo de ancianos "Destellos de Luz", ubicado en Isabela, un pueblo cercano a Moca. Este nuevo entorno le ofrecía no solo un escape de su pasado tumultuoso, sino también una oportunidad para reconectarse con su vocación de cuidar a los demás. En este lugar, rodeada de historias de vida y experiencias, Amarilis empezó a sanar y a recuperar su sentido de identidad y propósito.

Las redes sociales se convirtieron en una herramienta esencial para Amarilis durante este tiempo. Le permitieron mantener un vínculo con el mundo exterior, preservar su identidad juvenil y compartir aspectos de su vida que reflejaban su creciente confianza y autoestima. A través de estas plataformas, encontró apoyo, inspiración y una comunidad que le ayudó a mantenerse firme en su camino de autodescubrimiento y crecimiento personal.

Con el tiempo y gracias a su arduo trabajo en el asilo, Amarilis logró ahorrar suficiente dinero para abordar las inseguridades físicas que la habían atormentado durante años. Aquellas a la que Julio se refería. Decidió someterse a una cirugía estética para aumentar su busto, reducir su cintura y moldear su trasero, procedimientos que realizó en una clínica reconocida en la capital. Esta transformación física fue un paso significativo para Amarilis en su búsqueda de autoaceptación y empoderamiento. Para ella, estos cambios no eran solo una mejora estética, sino un acto de afirmación personal, una manera de reclamar su cuerpo y su imagen como propios.

Tras la cirugía, Amarilis experimentó una renovada sensación de confianza. Se veía a sí misma bajo una nueva luz, sintiéndose más como la mujer que siempre quiso ser. Su transformación no pasó desapercibida en el asilo de ancianos. Los residentes, siempre atentos a los cambios en su entorno, pronto notaron su nueva apariencia. Algunos de los ancianos, en un gesto juguetón y a veces atrevido, llegaron a pellizcarle el trasero, sorprendidos y curiosos ante el cambio.

Para Amarilis, estos momentos eran tanto halagadores como un recordatorio de su nuevo viaje de autoaceptación. A pesar de las dificultades que había enfrentado, ahora se encontraba en un lugar de mayor fortaleza y confianza. Sin embargo, la transformación externa también trajo consigo nuevos desafíos y percepciones, tanto de sí misma como de cómo el mundo la veía, abriendo un nuevo capítulo en su vida, lleno de posibilidades, pero también de nuevas realidades a navegar.

Tras su transformación física, la presencia digital de Amarilis experimentó un cambio notable. Sus amigos en las redes sociales se triplicaron, y con este aumento vinieron oleadas de halagos y admiración. Cada nueva foto que compartía era recibida con una cascada de elogios y comentarios, reflejando el impacto visual de su reciente cambio.

Sin embargo, en este mar de admiradores digitales, se ocultaba una figura familiar pero indeseada: Julio. Aprovechando el anonimato que ofrecen las redes, creó un perfil bajo un seudónimo, utilizando una caricatura como su icono de usuario. Con esta nueva identidad encubierta, logró infiltrarse en el círculo virtual de

Amarilis, pasando desapercibido entre la multitud de seguidores.

Este perfil falso permitió a Julio observar y participar en el mundo en línea de Amarilis sin ser detectado. A través de comentarios y reacciones, se mantenía al tanto de su vida, manteniendo su obsesión a pesar de la distancia física y emocional que Amarilis había establecido. Para Julio, este perfil era una forma de mantener una conexión, aunque fuera unilateral y desconocida para Amarilis.

Mientras tanto, Amarilis, ajena a la presencia de Julio en su vida virtual, continuaba compartiendo aspectos de su vida y su transformación. Encontraba en las redes sociales un espacio para expresarse y recibir el apoyo que tanto había anhelado. Sin embargo, la sombra de Julio, aunque invisible para ella, era una señal de que el pasado aún tenía formas de colarse en su presente, recordándole que los ecos de relaciones tóxicas pueden persistir, incluso en los lugares más inesperados.

IV

Ángel Marcel, un hombre conocido en el mundo moderno por su habilidad para navegar las complejidades del amor tanto entre los de su propio sexo como con el contrario, también se encontró cautivado por la presencia de Amarilis en las redes sociales. Las fotografías de Amarilis, mostrando su transformación y su renovada confianza, no pasaron desapercibidas para Ángel, quien veía en cada conexión digital una oportunidad para un nuevo encuentro, un nuevo juego de seducción. Aquellas nuevas curvas sinusoides de la joven lo sedujeron.

Movido por la atracción y la curiosidad, Ángel le envió una solicitud de amistad a Amarilis, un gesto digital que marcaba el inicio de lo que él esperaba fuera una nueva conquista. Para alguien con la experiencia y la confianza de Ángel, la rápida aceptación de Amarilis fue interpretada como una señal clara de interés, un indicio de que ella también buscaba algo más que una simple amistad en línea.

Ángel, hábil en el arte de la representación digital, había construido en las redes sociales una imagen de sí mismo meticulosamente elaborada. Su perfil presentaba la narrativa de un joven emprendedor, talentoso y aparentemente impecable, una especie de hijo predilecto, el perfecto "hijo de mamá" que nunca había cometido una falta. Su habilidad para tejer esta ilusión era tal, que incluso un personaje tan precavido como Caperucita Roja podría haber caído en su red de engaños.

Amarilis, con su naturaleza bondadosa y una inocencia forjada a partir de sus propias experiencias de vulnerabilidad, se encontró atraída por la imagen idealizada que Ángel proyectaba en su perfil. Las palabras y las imágenes en la pantalla, cuidadosamente seleccionadas para pintar la imagen perfecta de un hombre casi sin defectos, hicieron mella en ella. La pared virtual de Ángel se convirtió en un telón de fondo convincente para su actuación, un escenario donde podía desplegar su encanto y carisma.

La conexión virtual entre Amarilis y Ángel, nacida en el reino de lo digital, estaba basada en una percepción cuidadosamente construida, una que Ángel había diseñado meticulosamente. Amarilis, cautivada por esta representación, empezó a ver en Ángel a alguien que podía entenderla, apoyarla y, posiblemente, ofrecerle una nueva oportunidad en el amor y la conexión humana.

Sin embargo, detrás de esta conexión se ocultaba la verdad de que Ángel no era completamente lo que parecía. Su personaje en línea era una fachada, una máscara hábilmente creada para atraer y cautivar. Para Amarilis, la revelación de esta realidad podría ser un nuevo golpe a su confianza y percepción, una prueba más en su viaje para encontrar la autenticidad en un mundo a menudo lleno de ilusiones.

Amarilis, por su parte, aceptó la solicitud de Ángel sin darle demasiada importancia, aunque estaba impresionada con lo que leía sobre él. Para ella, las redes sociales eran una plataforma para conectarse con el mundo, para compartir su historia y sus experiencias, sin intenciones ocultas o expectativas de encuentros románticos. Sin embargo, la interpretación que Ángel hacía de su aceptación revelaba las diferencias en sus perspectivas y expectativas.

Con un encanto innato y una presencia atractiva, Ángel no tardó en iniciar una conversación con Amarilis. Para él, cada interacción era un paso en el juego de la seducción, un arte en el que se había vuelto experto. En su mente, Amarilis ya había entrado en su órbita; un nuevo interés que despertaba su curiosidad y deseo.

Lo que Ángel no sabía era que Amarilis estaba en un punto de su vida donde la búsqueda de significado y conexión genuina iba más allá de la simple atracción física o los juegos superficiales. La evolución de Amarilis, marcada por experiencias difíciles y un proceso de autoaceptación, la había llevado a valorar aspectos más profundos de las relaciones humanas.

Así, mientras Ángel veía en Amarilis una potencial aventura, ella, en su viaje de autoconocimiento y crecimiento, podría encontrarse buscando algo más allá de lo que Ángel estaba acostumbrado a ofrecer. La interacción entre estos dos personajes prometía ser una danza compleja de intenciones y descubrimientos, un capítulo más en la historia de Amarilis, donde sus elecciones y reacciones seguirían definiendo su camino y su identidad.

En el vasto universo de las redes sociales, la existencia se convierte en una suerte de ilusión, un reflejo distorsionado proyectado a través de las pantallas brillantes de nuestros artefactos de comunicación contemporáneos. Las personas se convierten en arquitectos de un espejismo, construyendo imágenes de sí mismos como maestros culinarios, viajeros insaciables, seres excepcionalmente ilustrados, en una exposición de felicidad y éxito que a menudo bordea lo absurdo. Estas presentaciones, que más parecen un desfile de vanidades que un retrato de la realidad, son a la vez desconcertantes y un tanto aterradoras.

La veracidad se encuentra constantemente en tela de juicio, distorsionada por las fotografías y videos cuidadosamente seleccionados y editados que inundan estas plataformas. La realidad, como si fuera esquiva, se oculta detrás de filtros y ángulos favorecedores. Los comentarios, plagados de errores ortográficos y lógicos, a veces hacen cuestionar la autenticidad de la educación proclamada por sus autores. Es una danza de máscaras y apariencias, un teatro donde millones actúan su felicidad en contraste con la posible infelicidad de sus vidas reales.

En este mundo de espejismos digitales, se encontraba Ángel, un personaje de compleja dualidad. Como un camaleón emocional y sexual, su capacidad para amar a hombres y mujeres con igual fervor lo convertía en una figura ambigua en el espectro de la sexualidad. Sin embargo, esta flexibilidad iba acompañada de una tendencia a desvalorizar a su pareja actual en función de la compañía que tuviera en ese momento. Ángel, en su búsqueda de afecto y validación, navegaba por un mar de emociones y deseos cambiantes, donde su identidad parecía tan fluida como las aguas de un río impredecible.

Así, en un mundo donde la autenticidad es a menudo sacrificada en el altar de la apariencia, Ángel se movía como un actor consumado, jugando roles diferentes según la audiencia que tuviera frente a él. En la tierra de las sombras proyectadas y las verdades a medias de las redes sociales, Ángel era tanto una víctima como un perpetrador de este gran engaño, un ser en constante lucha con su propia identidad en un escenario donde la realidad y la ficción se entrelazan inextricablemente.

Ángel, sin dejarse intimidar por las distancias que impone lo virtual, se embarcó en una estrategia de acercamiento hacia Amarilis a través de las redes sociales. Convirtiéndose en un admirador constante, su objetivo era tejer una red de adulaciones y comentarios, creando un puente que le permitiera cruzar del mundo digital al real. La sutileza de sus palabras y la frecuencia de sus interacciones estaban diseñadas para atraerla, para convertir la curiosidad en interés, y el interés en algo más tangible.

En la era digital, donde las identidades a menudo se construyen y reconstruyen detrás de pantallas, Ángel era consciente de la línea borrosa entre la realidad y la ficción. La Amarilis que conocía a través de las redes sociales podría ser una ilusión, una creación cuidadosamente elaborada, tan real como una inteligencia artificial diseñada para imitar la vida. Con *"influencers"* y personalidades en línea a menudo esculpiendo realidades alternativas, Ángel no podía estar seguro de la autenticidad de la joven que había cautivado su interés.

Deseoso de confirmar si la Amarilis que había llegado a admirar era realmente de carne y hueso, Ángel tomó una decisión audaz. Guiado por las pistas dispersas en sus publicaciones, que revelaban su lugar de trabajo en Isabela, planeó una visita sorpresa. Para él, esta era la única manera de verificar la realidad de Amarilis, de entender si la mujer que aparecía en las redes sociales era la misma que respiraba y vivía en el mundo real.

Su viaje a Isabela estuvo cargado de anticipación y curiosidad. Amarilis, por su parte, ajena a las intenciones de Ángel, continuaba su rutina en el asilo de ancianos, un refugio donde había encontrado paz y propósito. La potencial irrupción de Ángel en su vida real prometía ser un encuentro entre dos mundos: el de las proyecciones digitales y el de la existencia tangible, un choque entre lo que se percibe y lo que realmente es. Este próximo paso en su historia estaba cargado de incógnitas y posibilidades, en un juego de realidad y percepción donde cada uno tenía sus propias expectativas y secretos.

Ángel llegó a 'Destellos de Luz' en Isabela, un lugar donde la esperanza y el cuidado se entrelazaban en las vidas de quienes allí residían. Con un leve titubeo, presionó el timbre de la entrada, un acto que marcaba el cruce de un umbral tanto físico como emocional. La puerta fue atendida por la recepcionista, una mujer de presencia imponente cuya figura robusta y actitud decidida le conferían un aire más propio de un portero de discoteca que de un asilo de ancianos.

--"¡Usted!... ¿Qué busca aquí?"-- preguntó ella, su voz firme resonando con autoridad.

Ángel, tomado por sorpresa y con una mezcla de nerviosismo y expectación, respondió.

--"¿Trabaja aquí la señorita Amarilis Cintrón?"--

La recepcionista, sin perder su expresión severa, indagó más:

--"¿Quién la busca, si se puede saber?"--

--"Ángel Marcel, para servirle. La conozco de las redes sociales,"-- balbuceó él, su confianza inicial desvaneciéndose bajo la mirada escrutadora de la mujer.

--"Espere aquí, por el momento,"-- replicó ella con firmeza. Mientras cerraba la puerta frente a Ángel, era evidente que en su mente consideraba la posibilidad de que este visitante inesperado pudiera ser una amenaza, un peligro potencial para los residentes del asilo. La seguridad de quienes estaban bajo su cuidado era su prioridad, y no permitiría que un desconocido, surgido de la nada y con una historia tan vaga, irrumpiera sin más.

Ángel se quedó allí, parado, procesando el intercambio, con la puerta cerrada entre él y el objeto de su búsqueda. Su viaje a 'Destellos de Luz' había comenzado con un obstáculo inesperado, uno que lo hacía cuestionar su decisión de buscar a Amarilis en el mundo real, más allá del filtro de las redes sociales.

Cuando Amarilis Cintrón apareció, su presencia iluminó el espacio, un contraste llamativo con la escena que se había desarrollado hasta ahora. Vestida con su uniforme de enfermera, blanco y sin cofia, su belleza era indiscutible y aún más impactante en persona que en las imágenes de las redes sociales.

"¡Hola! Soy Amarilis Cintrón, ¿usted me buscaba?" preguntó con una voz que mezclaba curiosidad y cautela.

Ángel, sorprendido y visiblemente impresionado, apenas pudo ocultar su asombro. Sus ojos se ensancharon, absorbiendo cada detalle de la mujer frente a él. La

Amarilis que ahora veía era la personificación de la imagen que había acariciado en su mente: cabello rubio que enmarcaba un rostro con ojos claros, una figura realzada por la transformación que ella había elegido. El contraste entre la Amarilis que conocía a través de la pantalla y la mujer real ante él era sorprendente, y en ese momento, Ángel se dio cuenta de que había subestimado la intensidad del impacto que ella tendría en él.

La reacción de Ángel no pasó desapercibida para Amarilis, quien estaba acostumbrada a cierto grado de atención desde su cambio. Sin embargo, la mirada de Ángel le decía que había algo más en su interés, algo que iba más allá de una simple admiración física. En ese instante, se inició un intercambio entre ellos, un diálogo silencioso lleno de posibilidades y preguntas sin respuesta, marcando el comienzo de una nueva etapa en la vida de ambos.

Amarilis, demostrando su habitual hospitalidad, guio a Ángel hacia la sala de estar del asilo, un amplio espacio amueblado con cómodas butacas, la mayoría de ellas ocupadas por los residentes. Media treinta por dieciséis pies en su métrica. El ambiente estaba impregnado de una mezcla de olores característicos: el inconfundible aroma de la vejez, glándulas sudoríparas octogenarias, chiforobi, mezclado con el olor más pungente de la fragilidad física. En medio de este mosaico de aromas, el perfume francés de Amarilis se alzaba como una nota distintiva y fresca.

Los residentes del asilo, cada uno sumergido en su propio mundo, distante y desconectado de la realidad circundante, lanzaron miradas hacia Ángel, que variaban desde la curiosidad hasta la suspicacia. Entre ellos, algunos con la picardía nacida de la sabiduría de los años, observaban a Ángel con interés, casi como si intuyeran que era más que un simple visitante, quizás incluso el novio de la joven y atractiva enfermera.

El televisor grande y prominente, de sesenta y cinco pulgadas, transmitía las noticias del mediodía a un volumen moderado, pero parecía no captar el interés de ninguno de los presentes. En cambio, las miradas de los residentes se centraban en Ángel, un rostro nuevo y desconocido que interrumpía la monotonía de su rutina diaria. En ese momento, Ángel se convirtió en el centro de atención, un punto focal en la tranquila existencia del asilo.

Por su parte Ángel quedo sorprendido casi pensando que había llegado al cielo. No cabe duda de que por un momento corto en su mente se acordó de su fallecido abuelo. Pero estaba desubicado, viendo todos estos vejestorios que a su vez lo miraban, algunos babeándose por el lado de la comisura, una saliva espesa y lenta en su movimiento. Justo en lo que se convertiría con el tiempo sin ayuda de nadie.

--"Estos son mis pacientes"--, comento Amarilis con orgullo mientras iba presentándoselos uno a uno por su nombre o como ellos mismos habían decidido llamarse al entrar a la egida. Algunos hasta se lo habían cambiado disgustados con el que tenían de forma natural. Tú sabes cómo son esos viejos, no hay quien los contrarie.

En esas miradas perdidas estaban Amarilis, Ángel y la ganga de ancianos del asilo cuando llego la portadora inicial grande y gorda con una voz de mando ordenando impetuosamente:

--"Vamos a almorzar...hora de comer...muévanse al comedor"—, no existía ni un por favor, sino simplemente una notificación escueta que había que obedecer. Así lo hizo el campamento que pernoctaba.

Lentamente, con torpeza e inseguridad la tropa de la egida fueron poco a poco moviéndose, otros arrastrándose en sus andadores a un cuarto contiguo hacia la izquierda que tenía una mesa rectangular larga con espacio como para veinte comensales. Varios en sillas de rueda había que empujarlos hacia la mesa de comer. La gorda y Amarilis se encargaron de estos últimos. Ángel no estaba invitado a comer.

Sirvieron ensalada, papas majadas y un pollo desmenuzado en salsa roja. Uno que otro se quejó ya que los menús son los mismos solo que se rotan con las semanas. No hay que perder de perspectiva que a esa edad se encuentra uno, como comentan, destentado. También se conectaban los que tenían tubos estomacales para su alimentación ya que a la edad o condición no podían masticar, ingerir o ambas situaciones.

Ángel, al encontrarse en un ambiente tan diferente al que estaba acostumbrado, se convirtió en un observador silencioso de la rutina del asilo. La sala de estar, un escenario donde se desplegaba la cotidianidad de cuidar a los ancianos, se reveló ante él como una tragicomedia humana, llena de momentos tanto amargos como dulces. Él, ajeno a este mundo, no participó activamente, optando en su lugar por permanecer como un espectador distante, observando con atención pero sin involucrarse.

Esta pasividad de Ángel, su elección de no ofrecer ayuda ni interactuar con los residentes, podría haberse debido a una mezcla de incertidumbre y respeto, o quizás a una falta de comprensión de cómo insertarse en este entorno tan ajeno a él. Su mirada era la de un estudiante, alguien que analiza y procesa lo que ve, intentando comprender una realidad que le era completamente nueva y desconocida.

Para Amarilis, este era su día a día, un equilibrio entre el cuidado y la empatía, la tristeza y la alegría. Ella se movía con una familiaridad y un propósito que contrastaban con la inmovilidad de Ángel. En este contraste, se dibujaban dos mundos diferentes que convergían en ese espacio: el de Amarilis, marcado por la dedicación y el servicio, y el de Ángel, definido por la observación y el cálculo.

Esta interacción, o la falta de ella, entre Ángel y el entorno del asilo, así como su enfoque en Amarilis, pintaba un cuadro de un hombre aún en el proceso de descubrir cómo relacionarse no solo con ella, sino también con un aspecto de la vida que le era ajeno. En esta experiencia, Ángel no solo enfrentaba el desafío de acercarse a Amarilis, sino también de entender y apreciar la profundidad y la complejidad de su mundo.

La aparición inesperada de Ángel en el asilo, especialmente durante una hora tan crucial como el almuerzo, reflejaba su falta de familiaridad con las rutinas y sensibilidades del lugar. Al no haber concertado una cita previa con Amarilis, su llegada no solo fue inoportuna, sino que también le colocó en una posición de simple observador en un momento íntimo del día para los residentes del asilo.

El almuerzo en un asilo de ancianos no es solo una comida; es un evento diario lleno de interacciones y rutinas establecidas, un tiempo para la nutrición tanto física como social. La llegada de Ángel durante este momento le ofreció una ventana única a la vida en el asilo, permitiéndole ver a los residentes y al personal, incluida Amarilis, en su entorno natural.

Para Amarilis, este era un momento para centrarse en sus responsabilidades, para asegurarse de que cada residente recibiera la atención y el cuidado necesarios. La presencia de Ángel, aunque inesperada, no alteró su compromiso con su trabajo. Para ella, los residentes eran su prioridad, y cualquier visita, planeada o no, quedaba en segundo plano frente a sus obligaciones.

Ángel, al presenciar esta dinámica, pudo haber ganado una nueva apreciación por la dedicación y el compromiso de Amarilis. Observando desde un lado, pudo haber notado el cariño y el respeto con el que trataba a cada uno de los residentes, una faceta de su personalidad que quizás no había sido evidente a través de sus interacciones en las redes sociales.

Este encuentro, aunque no resultó en la interacción directa y personal que Ángel quizás había esperado, fue una oportunidad para entender mejor el mundo de Amarilis y el entorno en el que ella elegía pasar sus días. Para Amarilis, fue un recordatorio de que, a pesar de su vida en las redes sociales, su realidad estaba profundamente arraigada en el asilo y en el cuidado de aquellos que dependían de ella.

Una hora después de terminada la tarea del personal del asilo de alimentar sus clientes, Amarilis regreso para atender su visita inesperada.

--"Ya que hemos terminado de darle almuerzo a los pacientes, ¿cómo puedo ayudarle?"-- Amarilis preguntó, su voz impregnada de una profesionalidad que no dejaba traslucir su sorpresa interna al ver a Ángel en persona. En el momento que sus ojos se posaron en él, no pudo evitar notar su atractivo. Ángel, con su pelo oscuro despeinado y ojos color aceituna, parecía como sacado de una leyenda helénica, un moderno Apolo que había entrado por error en el reino mundano del asilo.

A primera vista, uno podría imaginar fácilmente que Amarilis y Ángel formarían una pareja perfecta, como dos figuras de un romance idealizado. Dos doble AA. Pero, como es bien sabido, las apariencias pueden ser engañosas, y la belleza exterior rara vez es un indicador fiable de la compatibilidad entre dos almas. Amarilis, consciente de esto, mantuvo su profesionalismo, a la espera de entender el propósito de la inesperada visita de Ángel.

--"Bueno, solo quería saber que eras real, tú sabes, hay tanta ficción en las redes," titubeó él.

--"¿Viniste desde donde para decirme eso?"-- le reprochó ella.

--"No de muy lejos, vivo en el pueblo de la Villa del Capitán Correa, Arecibo."--

--"Ah, bien, es bastante cerca. Yo soy de Moca y todavía vivo en Moca,"-- siguió ella. –"Estoy bien cerca de la casa de mis padres"—

--"¿Vives todavía con ellos?"-- preguntó él, con un tono que destilaba un matiz de inquisidor romántico, como si intentara descifrar si lo que tenía frente a él era una princesa en espera de ser rescatada.

--"Sí"-- se lamentó Amarilis, su respuesta breve pero cargada de una emotividad sutil, reveladora de una complejidad subyacente a su sencilla afirmación.

Y así, los jóvenes continuaron su intercambio de preguntas sin promiscuidad hasta que Amarilis se vio obligada a interrumpir la charla, explicando que tenía compromisos laborales. Ángel, comprendiendo la situación, se despidió cordialmente, pero no sin antes solicitar su número de teléfono. A esto, Amarilis le explicó que su política era no compartir su número con alguien que acababa de conocer. Para el joven, conquistar el corazón de Amarilis se presentaba como un desafío nada sencillo.

Ángel se encontró ante la única opción viable: continuar utilizando las plataformas digitales para intentar acordar un encuentro con Amarilis.

V

Aquel atardecer, Amarilis regresó a casa de sus padres, radiante tras su encuentro con Ángel. Él era un joven atractivo que había demostrado su paciencia esperándola mientras atendía a los ancianos del asilo durante el almuerzo. Tras una relación pasada y turbulenta con Julio, que había dejado cicatrices hace más de un año, le preocupaba la idea de abrirse a una nueva relación. Sin embargo, Ángel despertaba en ella una sensación distinta, una especie de esperanza. Al preguntarle sus padres por su día, con la sinceridad que la caracteriza, compartió que había conocido a un chico y, llevada por un impulso de confianza, le había dado su dirección en Moca para que pudiera visitarla cuando concertaran.

En aquel entorno de sombras y recuerdos, Leo, el seudónimo elegido por Julio - el amante despechado y figura espectro de los días más turbulentos de Amarilis - se sumergía en el océano digital con la esperanza de avistar, aunque fuera de lejos, las huellas virtuales de Amarilis. La transformación estética de Amarilis no había hecho más que agudizar el deseo y la obsesión de Leo por reconquistar a quien consideraba el epítome de la feminidad y belleza, un tesoro que había perdido pero que estaba decidido a reclamar. Esta fijación no era sino el fruto amargo de un año de ausencia, un período durante el cual la vida de Julio se había desplomado, precipitándolo en un abismo de desesperación y ocio.

Desde aquel infortunio que lo despojó de su carrera y de Amarilis, su existencia se había convertido en un erial. Despojado de sus sueños y desterrado del futuro prometedor que alguna vez imaginó, Julio, ahora bajo el alias de Leo, vagaba sin rumbo, atrapado en un limbo existencial alimentado por las sobras de la generosidad paterna y el refugio involuntario en el hogar materno de su abuela. Esta última, un oasis en su desierto personal, le proporcionaba lo básico para subsistir: alimento, un techo bajo el cual cobijarse, y una asignación modesta que apenas le alcanzaba para la gasolina, ese mínimo vital que le permitía mantenerse en movimiento, aunque fuese sin dirección.

En este calvario de su existencia, la figura de Amarilis brillaba como un faro distante, la única certeza en un mar de incertidumbres. Su exilio forzado del mundo de la medicina, resultado de aquellos actos inconfesables que lo habían llevado a la ruina profesional, se había convertido en una cadena perpetua de la que no veía escape. Sin embargo, en su mente maquinaba, urdía planes y estrategias con la esperanza vana de una redención o, al menos, de una venganza dulce que le devolviera algún sentido a su existencia marchita.

La destitución de su residencia médica, un golpe del que nunca se recuperó, lo había marcado con el estigma de la falla irremediable. Ahora, recluido en el espacio seguro pero sofocante de la casa de su abuela, Julio, metamorfoseado en Leo para el mundo virtual, se aferraba a la única obsesión que le quedaba: la conquista de Amarilis, esa musa esquiva que, desde su transformación, parecía más inalcanzable que nunca. En esta cruzada personal, la realidad y la ficción se entrelazaban en un baile macabro, donde el amor, el deseo y la obsesión danzaban al borde del abismo.

Después de que sus antiguos compañeros de estudios se graduaran, Julio decidió hacer una visita a Lionel, quien había alcanzado la distinción de cirujano general. Lionel, no sin cierto orgullo, le mostró a Julio el diploma obtenido, un reconocimiento por completar su formación en cirugía general otorgado por la institución académica. La situación de Julio despertaba en Lionel un sentimiento de pesar. En un momento de descuido, cuando Lionel se retiró a asearse, Julio se encontró a solas con el valioso documento. Esta pausa le brindó el tiempo perfecto para capturar una fotografía del diploma con su sofisticado teléfono móvil, equipado con un sistema de tres cámaras. Aunque había rondado la idea en su mente sin decidirse, la tentación de crear una copia del diploma modificando el nombre por el suyo le pareció repentinamente factible. Después de todo, había completado casi la totalidad de su residencia y poseía el conocimiento necesario para el manejo de pacientes en el ámbito quirúrgico. Julio empezó a vislumbrar un plan: abriría una consulta en algún rincón remoto de la isla carente de cirujanos generales, donde podría realizar procedimientos menores. De este modo, introduciría un ingreso sustancial a su hasta entonces estancada situación económica.

En el intricado laberinto de su existencia, Julio había cruzado el Rubicón de la moralidad al replicar el diploma de su antiguo compañero, imprimiendo su propio nombre con una precisión que bordeaba la perfección artística. Era ahora el poseedor de una credencial falsificada, un espejismo de logro que brillaba con la falsa promesa de competencia y honradez. Esta hazaña de engaño marcaba el inicio de una travesía más oscura y peligrosa en la vida de Julio.

Con la artimaña consumada, el siguiente paso requería de una astucia similar: encontrar un rincón discreto para establecer su santuario de operaciones, un lugar lo suficientemente apartado para evitar el escrutinio pero accesible para aquellos sedientos de belleza y juventud eternas. En esta búsqueda, Julio visualizaba una clínica modesta, un templo dedicado a la vanidad, donde podría ejercer su recién adquirida 'profesión' sin levantar sospechas.

Consciente de que su farsa necesitaba un barniz adicional de credibilidad, Julio se sumergió en el vasto océano de conocimientos que ofrecía internet, inscribiéndose en cursos de cirugía estética que prometían certificaciones con el mínimo esfuerzo. Estos nuevos 'logros' académicos serían las joyas en la corona de su engaño, herramientas diseñadas para seducir a aquellos que, descontentos con su reflejo en el espejo, buscaban una transformación a manos de quien creían un experto.

En la mente de Julio, su empresa no era un acto de vileza, sino una especie de servicio filosófico; una cura para el descontento moderno con la propia imagen. Él veía a sus futuros pacientes no como víctimas, sino como almas en búsqueda de redención estética, dispuestas a pagar el precio por una ilusión de perfección. "Después de todo", se decía, "quien busca alterar su apariencia ya vive engañado, merodeando en un deseo perpetuo de metamorfosis".

Así, armado con su diploma falsificado y una creciente colección de certificados de dudosa procedencia, Julio se preparaba para lanzarse al mercado de la belleza, dispuesto a explotar la eterna búsqueda humana por la juventud y la perfección física. En este juego peligroso de espejos y humo, Julio, o mejor dicho, el 'Dr. Leo', como ahora prefería ser llamado, estaba a punto de embarcarse en una aventura que desdibujaría aún más las líneas entre la verdad y la ficción, entre el sanador y el charlatán. En su teatro de operaciones quirúrgicas, cada incisión sería un verso en la poesía de su gran obra de ilusión, cada sutura un trazo en el lienzo de su leyenda construida sobre mentiras y medias verdades.

Julio, en su laberinto de soberbia e inteligencia mal aplicada, se había convertido en un maestro del engaño, un personaje que desafiaba las normas con una audacia temeraria. Veía en su expulsión de la residencia de cirugía no una lección de humildad, sino un obstáculo temporal en su camino hacia la grandeza. Su ego, inflado hasta el punto de la ruptura, lo cegaba ante cualquier atisbo de autocrítica o reflexión. En su mente, se había forjado una realidad alternativa en la que su destitución no era más que un error de juicio por parte de aquellos incapaces de reconocer su genio.

Armado con falsificaciones y un plan maestro, Julio se embarcaba en un nuevo capítulo de su vida, uno en el que se reinventaría como un renombrado cirujano estético. Este no era un mero capricho, sino una declaración de poder, un medio para demostrar a todos, especialmente a Amarilis, su supuesta superioridad y valía. En su delirio de grandeza, imaginaba un futuro donde, a través de su éxito como falso cirujano, Amarilis volvería a él, arrepentida y admirada, rindiéndose ante el ídolo que él creía ser. La posesividad que sentía hacia Amarilis era un reflejo más de su narcisismo, una extensión de su necesidad de control y admiración.

Julio no veía en Amarilis a la persona que realmente era, sino más bien un trofeo que reclamar, un símbolo de su dominio y éxito. En su mente distorsionada, Amarilis no tenía voluntad ni deseos propios; era simplemente otra pieza en el tablero de ajedrez de su vida, destinada a ser capturada. La obsesión de Julio por reconquistarla no se basaba en el amor, sino en el deseo de afirmación egoísta, en la necesidad de probarse a sí mismo que podía tener todo lo que quería, incluso manipulando la realidad a su antojo.

Este camino que Julio elegía, pavimentado con falsedades y delirios de grandeza, lo colocaba en una trayectoria peligrosa, no solo para él sino para aquellos que se cruzaran en su camino. Su negativa a enfrentarse a las consecuencias de sus acciones y su incapacidad para reconocer sus errores lo habían llevado a un punto de no retorno, donde la línea entre el bien y el mal se había desvanecido en pos de sus ambiciones desmedidas.

Julio se adentró en el terreno de la estética con una dedicación que bordeaba la obsesión, devorando cada curso superficial que encontraba sobre técnicas para rejuvenecer y embellecer: desde el levantamiento de párpados hasta la colocación de hilos tensores para corregir rostros marcados por el tiempo. Absorbió conocimientos sobre cómo inyectar diversas sustancias para esculpir el contorno facial, cejas y labios, buscando el ideal de perfección que la sociedad moderna tanto ansiaba. En un acto de vanidad y práctica, se convirtió en su propio conejillo de indias, experimentando con estos "elixires de juventud" para asegurarse de presentar una imagen impecable frente a sus futuros pacientes.

Con Jayuya como escenario para su gran acto, Julio estableció su clínica en este pueblo tranquilo, alejado de las miradas escrutadoras de las grandes ciudades. Contrató a una enfermera con verdaderas credenciales, armó una modesta sala de operaciones en una habitación contigua y se hizo de un arsenal de medicamentos y anestésicos, incluyendo un monitor de pulso cardíaco y un oxímetro para supervisar la vitalidad de sus pacientes durante los procedimientos. Amparado bajo la sombra de su legítimo diploma de medicina, complementado con el falsificado de cirugía general y una serie de certificados en estética, no encontró mayor obstáculo para obtener la licencia necesaria para administrar medicamentos controlados, presentándose ante el mundo como un generalista con un toque cosmético.

Así, Julio se erigía como el autoproclamado pionero de la cirugía estética en el corazón de la isla, listo para deslumbrar y transformar a quienes buscasen su arte. Pero su confianza no residía únicamente en los conocimientos adquiridos por vías tradicionales; se volcó también hacia el vasto universo digital, desde tutoriales en plataformas de vídeo hasta consultas a la siempre disponible, aunque cuestionable, inteligencia artificial. Esta última, a pesar de su nombre, era un recurso frío y calculador, desprovisto del calor y la comprensión humanas, pero en manos de Julio, se convertía en una herramienta más para perfeccionar su técnica.

En este escenario, Julio, bajo la fachada del profesionalismo y la excelencia, ocultaba la realidad de su formación y ética, una construcción tan artificial como los resultados que prometía a sus pacientes. Su clínica, aunque aparentemente equipada y lista para atender las necesidades de belleza de la región, era el escenario perfecto para una tragedia anunciada, donde la línea entre el bienestar y el riesgo se desdibujaba cada vez más, sostenida únicamente por el frágil hilo de las aspiraciones y el engaño.

A través de las redes sociales, y con notables cambios en su expresión facial —resultantes de procedimientos cosméticos que él mismo había practicado, algunos incluso bajo anestesia local—, Julio, ahora bajo el seudónimo de Leo, logró capturar la atención de Amarilis, su exnovia. Era prácticamente irreconocible. Encarnando su nuevo alter ego, Leo intentó constantemente hacerle ver a Amarilis el creciente prestigio que estaba adquiriendo como pionero en el ámbito de la estética moderna. Soñaba con tenerla a su lado, trabajando junto a él en este nuevo emprendimiento, y estaba dispuesto a ofrecerle más de lo que ella ganaba en el asilo para persuadirla. En su mente torcida era la mejor opción de una enfermera y compañera de pasión. Todo este fraude en desarrollo seria mitigado con una persona de confianza que creyera en él. Sin embargo, Amarilis, fiel a la promesa hecha a su abuelo antes de su partida de este mundo, optó por permanecer en el asilo, encontrando allí no solo un empleo sino una vocación y un propósito que iban más allá de cualquier ofrecimiento material. A pesar de esto, Leo no se daría por vencido tan fácilmente y seguía planeando nuevas estrategias para convencerla, mostrando una tenacidad que rayaba en la obsesión. Su insistencia no conocía límites, y estaba dispuesto a hacer lo que fuera necesario para tenerla a su lado, ignorando los deseos y la autonomía de Amarilis en su empeño por reconquistarla.

Leo, a pesar de las transformaciones que se había autoinfligido, conservaba aún la esencia de quien había sido Julio. Los párpados más definidos, pómulos realzados, labios voluminosos y un mentón pronunciado le conferían una nueva fisonomía, un cambio significativo que, junto con una barba densa y oscurecida artificialmente —un marcado contraste con su color natural—, lo hacían irreconocible incluso para aquellos con quienes compartió años de formación médica. Sin embargo, debajo de esta renovada apariencia, su voz, su egocentrismo y una maldad apenas disimulada permanecían inalterables.

En sus raros encuentros con antiguos colegas que luchaban por reconocerlo, Leo adoptaba un aire de distinción y logros ficticios.

--"¿Terminaste la residencia de cirugía?"-- le preguntaban, a lo que él, con una sonrisa apenas perceptible, respondía:

--"Sí, en los Estados Unidos, con un entrenamiento adicional en estética."-- Sus mentiras fluían con una facilidad pasmosa, cada palabra un ladrillo más en el muro de su nueva identidad.

Todo este esfuerzo, este meticuloso y calculado cambio, tenía un único fin: reconquistar a Amarilis, la chica a quien había desvirgado y que se había convertido en su obsesión, la obsesión de su vida que necesitaba recobrar a toda costa. En la soledad de su habitación, frente al espejo que reflejaba a un hombre que ya no reconocía como a sí mismo, Leo meditaba sobre su plan, su determinación creciendo con cada pensamiento.

"O eres mía o no eres de nadie," murmuraba para sí, la frase resonando en la habitación como un mantra oscuro. Esta idea, fija y obsesiva, era el combustible de su existencia. No importaba el precio de su transformación ni las mentiras que debía tejer para sostener su fachada; Amarilis era el premio, la meta última que justificaba todos los medios.

En estos momentos de introspección, Leo no veía los límites éticos que cruzaba ni las vidas, incluida la suya, que estaba dispuesto a poner en juego. Solo veía el objeto de su deseo, una obsesión que lo consumía y definía cada uno de sus actos, cegándolo ante la realidad de que Amarilis, con su fortaleza y su dedicación a los demás, estaba más allá de su alcance, más allá del poder de sus manipulaciones. Aun así, persistía, incapaz de aceptar que algunas cosas, una vez perdidas, son irrecuperables, y que el amor, el verdadero amor, no se puede forzar ni reconquistar a través del engaño y la obsesión.

Indagando más en la compleja trama de la vida de Julio, podemos desentrañar por qué detrás de su decisión de cambiar su onomástico a Leo. No era difícil comprender la transición; sus primeros dos nombres eran Julio Leonardo. Así, al adoptar el nombre de "Leo", no infringía ninguna ley de certificación ni se alejaba demasiado de su identidad original. Este alias, además de ofrecerle un nuevo comienzo, le brindaba una capa adicional de distanciamiento de su pasado turbulento. La clínica, que pasaría a conocerse como el consultorio del Dr. Leo, se convertiría en su santuario y su escenario, un lugar donde podría reinventarse a sí mismo.

Quería que le tutearan, buscando con ello una cercanía artificial con sus pacientes, una manera de borrar las barreras tradicionales doctor-paciente y crear un ambiente de confianza, aunque fuese superficial. Al principio, su consultorio permanecía vacío, un eco silencioso de su ambición desmedida. Sin embargo, con el tiempo, aquellos desafortunados que buscaban alternativas económicas a los costosos servicios de la capital, encontraban en su consultorio una opción más accesible. Ubicado en el centro de la isla, ofrecía conveniencia y precios reducidos, atrayendo a una clientela dispuesta a sacrificar ciertos estándares por la promesa de la accesibilidad y la cercanía.

Inicialmente, Leo se enfrentó a las típicas complicaciones que podrían esperarse en cualquier práctica médica. Sin embargo, estaba a punto de encontrarse con un desafío que superaba cualquier cosa que hubiera anticipado. Este desafío no solo pondría a prueba sus habilidades como médico sino que también amenazaría con desvelar la frágil fachada que había construido tan meticulosamente. La vida, como suele hacer, tenía preparada para Leo una lección que iba más allá de lo profesional, una que lo obligaría a confrontar las consecuencias de sus decisiones, su ética, y el precio real de su ambición desmedida.

VI

Alfredo Montesino, con el brillo dorado de su bronceado polinesio aun envolviéndolo, marcaba un contraste evidente con la grisura de los días en la isla que lo había visto crecer. No tardó en contactar al agente Prieto, impulsado por una mezcla de curiosidad profesional y una inquietud personal que había crecido durante su estancia lejos de casa. La pasta se le había acabado. La llamada fue directa, sin rodeos, típica de alguien acostumbrado a lidiar con la complejidad de los enigmas humanos.

--"Ernesto, he vuelto. Necesito saber qué ha pasado con el caso de Amarilis,"-- dijo Alfredo, su voz aun llevando el eco de las olas del Pacífico.

El agente Prieto, por su parte, sintió un renovado sentido de urgencia al escuchar la voz de Montesino. Sabía que Alfredo tenía un talento único para desentrañar misterios que a otros se les escapaban.

--"Alfredo, me alegra que hayas llamado. Este caso... se ha convertido en un callejón sin salida. La comandancia ya lo ha puesto en la lista de casos fríos, y los recursos se están reasignando."--

--"Entonces, es hora de que intervengamos,"-- respondió Montesino con determinación. La noticia de una recompensa ofrecida por los padres de Amarilis, un gesto desesperado por encontrar justicia para su hija solo añadía un peso adicional a su decisión. Quizás podía regresar a Bora-Bora. Alfredo no era ajeno a la desesperación de aquellos que buscaban respuestas; había visto su rostro demasiadas veces.

--"Voy a necesitar acceso a todos los archivos del caso, Ernesto. Cada entrevista, cada reporte de la escena del crimen, cada prueba recolectada. Y quiero hablar con los padres de Amarilis personalmente,"-- insistió Alfredo, su mente ya trazando posibles caminos a través del laberinto de evidencias y testimonios.

El agente Prieto asintió, aunque Alfredo no pudiera verlo. --"Te conseguiré lo que necesitas. Sabes que confío en tu juicio, Alfredo. Si alguien puede sacar algo en claro de este desastre, eres tú."--

Con esa conversación, Alfredo Montesino se embarcaba de nuevo en las turbulentas aguas de la investigación criminal, llevando consigo la esperanza de aquellos que habían sido dejados atrás por el sistema. El caso de Amarilis no sería olvidado, no mientras él pudiera hacer algo al respecto. Mientras colgaba el teléfono, Alfredo sentía cómo el bronceado de sus vacaciones comenzaba a palidecer frente a la sombría realidad que tenía por delante. Pero estaba listo; después de todo, desentrañar verdades ocultas era su verdadera vocación.

Alfredo Montesino escuchaba atentamente a los padres de Amarilis mientras le guiaban por la finca, un oasis de recuerdos y dolor en el corazón de Moca. El cuarto de "la nena", preservado como un santuario a su memoria, era un testimonio silencioso de la tragedia que los había golpeado. Cada objeto, cada fotografía, hablaba de la vida que Amarilis había vivido, de sus sueños, sus logros y los abruptos giros que su destino había tomado.

Los padres compartieron con Alfredo las historias de su infancia, de su pasión por la enfermería y el desamor que la había dejado devastada, un capítulo doloroso en su vida que había permanecido oculto tras su sonrisa. Le hablaron de su dedicación al asilo de ancianos en Isabela, de cómo, buscando un nuevo comienzo, Amarilis había decidido someterse a algunos procedimientos estéticos, y de la aparición de un joven que la había visitado e invitado a salir, iluminando sus días con la promesa de nuevos comienzos.

Pero fue la mención de un médico, quien le había ofrecido un puesto en una clínica estética, lo que capturó la atención de Alfredo. Esta información, borrosa en los recuerdos de los afligidos padres, podría ser clave en la comprensión de los eventos que llevaron al trágico final de Amarilis. Sin embargo, la incertidumbre sobre si Amarilis había aceptado o rechazado la oferta, o si aún lo estaba considerando, planteaba más preguntas que respuestas.

La entrega de la clave de las redes sociales de Amarilis a Alfredo fue un acto de confianza y desesperación de los padres afectados. Armado con este acceso, Alfredo sabía que tenía una nueva puerta por abrir en la investigación, un camino digital que explorar en busca de pistas que habían permanecido ocultas.

De vuelta a su oficina, Alfredo se sumergió en el mundo en línea de Amarilis, navegando por sus publicaciones, sus interacciones y los mensajes privados que pudieran revelar la red de relaciones y eventos que culminaron en su asesinato. Era un trabajo meticuloso, cada clic una posible revelación, cada mensaje una pista potencial.

Entre las luces y sombras de la vida digital de Amarilis, Alfredo buscaba respuestas, buscaba justicia. La historia de Amarilis, tejida a través de sus palabras y las de quienes la conocieron, se desplegaba ante él, prometiendo desvelar los secretos que habían llevado a su inesperado y trágico final. Era un camino difícil, lleno de esperanzas y desilusiones, pero Alfredo estaba decidido a seguirlo hasta el final, por Amarilis y por aquellos que, aún sumidos en el dolor, esperaban encontrar paz en la verdad.

Con el expediente policial en sus manos, Alfredo Montesino se adentró en los detalles del caso de Amarilis con la meticulosidad de un experto y la sensibilidad de quien entiende el dolor humano detrás de los informes fríos. Las fotos de Amarilis en la escena del crimen mostraban la brutalidad de su final, mientras que los informes postmorten revelaban la precisión quirúrgica con la que fue llevado a cabo el acto final que le quitó la vida.

La descripción detallada de la autopsia indicaba que la degollación de Amarilis se había realizado con un corte preciso entre el segundo y tercer cartílago de la tráquea, una técnica idéntica a la utilizada en una traqueotomía, pero sin dañar los vasos sanguíneos adyacentes. Este detalle, en particular, resonaba con un eco siniestro en la mente de Alfredo, sugiriendo la mano de alguien con conocimientos médicos avanzados. La causa de muerte, asfixia e hipoxia apuntaban a una agonía prolongada, un final inmerecido para cualquier ser humano.

El hallazgo de semen en ambas cavidades sugiere un acto despreciable post-mortem, lo que añadía una capa adicional de violencia y deshumanización al ya macabro asesinato. El hecho de que no hubiera evidencia de lucha podría indicar que Amarilis fue atacada por sorpresa o incapacitada de alguna manera antes de su muerte.

El informe seguía diciendo que el semen encontrado no coincidía con ningún perfil en la base de datos policial, lo que indicaba que el asesino no tenía antecedentes registrados de crímenes sexuales, o al menos no había sido capturado por ellos. Este callejón sin salida en la evidencia forense solo servía para profundizar el misterio en torno al caso.

Armando piezas del rompecabezas, Alfredo no podía evitar sentir un renovado sentido de urgencia. La naturaleza metódica del asesinato de Amarilis, combinada con la violencia ejercida sobre ella, pintaba un cuadro sombrío de premeditación y crueldad. La precisión del corte realizado en la tráquea de Amarilis apuntaba a alguien con conocimientos anatómicos o quirúrgicos, lo que llevó a Alfredo a contemplar la posibilidad de que el asesino pudiera estar vinculado de alguna manera al campo médico.

Reflexionando sobre esta nueva línea de investigación, Alfredo sabía que debía proceder con cautela. Cada paso debía ser medido, cada pista seguida con precisión. Estaba claro que estaba buscando a alguien que no solo poseía una mente fría y calculadora sino que también tenía la habilidad y el conocimiento para ejecutar un asesinato de manera tan meticulosa. Armado con esta nueva comprensión, Alfredo se preparó para sumergirse aún más en el abismo, decidido a descubrir al monstruo detrás de la máscara del conocimiento y la cordura.

Alfredo Montesino se enfrentaba a un dilema complicado. Los sospechosos no eran muchos, pero identificar y probar quién había sido el perpetrador del crimen de Amarilis se convertía en el eje central de su investigación. Repasó mentalmente los elementos con los que contaba: un joven que conducía una Ford Bronco con cristales ahumados, un cuerpo carente de rasguños que indicaran una lucha, material genético del asesino que no encontraba coincidencia en las bases de datos, y comunicaciones en redes sociales de dos individuos, Ángel y el Dr. Leo, este último vinculado a una clínica estética.

La Ford Bronco, vehículo que podría haber servido como una pista crucial inmediatamente después del crimen, representaba ahora un callejón sin salida. Demasiado tiempo había pasado; el vehículo fácilmente podría haber sido desechado, vendido o incluso modificado para evitar ser reconocido.

El material genético, por otro lado, era una prueba contundente pero sin un dueño conocido. Sin coincidencias en el banco de esperma de la policía, esta pista también se enfriaba. La ciencia, tan avanzada como estaba, no podía conjurar un nombre de la nada.

VII

Ángel, tras las visitas a la residencia de los padres de Amarilis en Moca, se había ido construyendo una imagen de un joven interesado y respetuoso. Las salidas con Amarilis, marcadas por la cortesía de traerla de vuelta antes de la medianoche, habían dejado una impresión positiva en sus padres y en la comunidad. Era evidente que Amarilis valoraba su trabajo en el asilo y que Ángel respetaba profundamente ese compromiso.

La noticia del asesinato de Amarilis cayó sobre Ángel como un mazazo inesperado, sumiéndolo en una profunda depresión. La confusión y la tristeza lo envolvían, incapaz de comprender cómo un ser tan lleno de luz y dedicación como Amarilis podía haber sido arrancado de este mundo de manera tan brutal. El dolor que sentía era un reflejo no solo de la pérdida de lo que Amarilis representaba, sino también de la posibilidad de un futuro que nunca llegaría a ser.

En su luto, Ángel volvió a la casa de los padres de Amarilis, un gesto de solidaridad y respeto hacia la familia enlutada. Ya había pagado sus respetos en la funeraria, donde el cadáver de Amarilis fue velado en una atmósfera de desgarrador dolor y nostalgia. El seguimiento al cementerio municipal, donde le dieron cristiana sepultura, había sido un acto de despedida no solo para los familiares y amigos, sino también para Ángel, quien veía en ese momento final un cierre a la breve pero significativa conexión que había tenido con Amarilis.

Este acto de Ángel, de volver a la casa de los padres de Amarilis después del funeral, era tanto un intento de encontrar consuelo como de ofrecerlo. Buscaba respuestas, aunque en el fondo sabía que algunas preguntas permanecerían eternamente sin respuesta. Su presencia en la casa era un testimonio silencioso de la huella que Amarilis había dejado en su vida, aunque su conocimiento mutuo hubiese sido breve.

La relación emergente entre Amarilis y Ángel era una ventana a lo que podría haber sido, una promesa de futuro truncada por la tragedia. En el corto tiempo que Amarilis conoció a Ángel, comenzó a ver el mundo y las relaciones de una manera diferente. Las acciones consideradas y respetuosas de Ángel eran un bálsamo para las heridas pasadas de Amarilis, demostrando que el amor, basado en el respeto mutuo y la consideración, era posible.

La ternura con la que Ángel trataba a Amarilis, desde los gestos sencillos como cogerle la mano durante un paseo, besarla con dulzura, o mostrar cortesía abriéndole la puerta del auto, eran pruebas vivientes de que no todos los hombres son iguales. Amarilis, cuyas experiencias previas habían moldeado una visión cautelosa del amor y las relaciones, encontró en Ángel un motivo para reconsiderar estas creencias. Él, conscientemente o no, estaba reconstruyendo la confianza de Amarilis en el amor, mostrándole que la pasión y el respeto no son mutuamente excluyentes, sino que pueden coexistir armoniosamente en una relación saludable.

Quizás, si el destino hubiera sido diferente, su relación hubiera florecido en algo más profundo, tal vez incluso en una familia. La potencialidad de su vínculo, lleno de promesas y esperanzas, hace que la pérdida de Amarilis sea aún más desgarradora. La vida, con su imprevisibilidad inherente, a menudo se ve interrumpida por eventos más allá de nuestro control, ya sea por enfermedad, por el inexorable paso del tiempo, o, en el caso más trágico y abrupto, por actos de violencia que arrebatan a seres queridos de nuestro lado.

Mientras Amarilis exploraba la naciente conexión con Ángel, Leo, utilizando su astucia digital, se infiltraba en la vida de Amarilis a través de las redes sociales. Su interés por ella no era casual; Amarilis, siendo enfermera y habiendo recurrido a la cirugía estética para alterar su figura —un detalle que no pasaba desapercibido en el ámbito virtual—, se convirtió en un objetivo para sus insinuaciones y acercamientos.

La transformación de Amarilis no pasó desapercibida para Leo, quien, bajo su nueva identidad, observaba desde la distancia los cambios que ella había elegido para sí misma. Estos cambios, que la hacían lucir de la manera que siempre había deseado, eran un recordatorio constante para Leo, antes conocido como Julio, de su influencia persistente en su vida, aunque fuera de una manera indirecta y no reconocida.

La percepción de Leo sobre su papel en la decisión de Amarilis de someterse a procedimientos estéticos era compleja. Por un lado, se sentía adulado, interpretando los cambios de Amarilis como una validación de sus propias insinuaciones pasadas y críticas sobre su apariencia. Esta percepción distorsionada lo llenaba de un sentido equivocado de orgullo y satisfacción, creyendo que había sido el catalizador de su transformación.

Por otro lado, esta adulación estaba entrelazada con un sentido de posesión; Leo veía el cambio de Amarilis como una oportunidad para reclamarla, para hacerla "suya" de una manera que no había logrado antes. Esta mentalidad posesiva y obsesiva revelaba la profundidad de su egocentrismo y la incapacidad de reconocer a Amarilis como una persona autónoma con deseos y decisiones propias, independientes de su influencia.

En su mente, Leo justificaba sus insinuaciones y manipulaciones previas como beneficiosas, ignorando el dolor y la inseguridad que sus acciones habían infligido a Amarilis. Este autoengaño le permitía ver su obsesión no como un acto de control o abuso, sino como un tipo de derecho adquirido sobre Amarilis, basado en la influencia que creía haber tenido sobre ella.

Este complejo entramado de orgullo, posesión y justificación en la mente de Leo se convertía en el motor de sus acciones. Armado con esta justificación distorsionada, Leo se preparaba para actuar, decidido a insertarse nuevamente en la vida de Amarilis con un renovado sentido de propiedad y determinación.

La trágica ironía de esta situación radicaba en la incapacidad de Leo para comprender que los cambios de

Amarilis eran actos de autoafirmación y no una invitación a su intervención. Amarilis buscaba definirse por sí misma, lejos de las sombras del pasado, incluida la oscura influencia de Julio, ahora Leo. Sin embargo, la obsesión de Leo por reclamar lo que creía que le pertenecía se convertiría en un peligroso obstáculo en el camino de Amarilis hacia la autoaceptación y la felicidad.

Con la excusa de la amistad y la promesa de oportunidades profesionales en su clínica, que afirmaba estaba comenzando a ganar reconocimiento, Leo intentaba atraer a Amarilis hacia su círculo. Sus mensajes, hábilmente redactados, sugerían un interés benigno: la oferta de empleo, el consejo de tener siempre un plan B profesional, la sabiduría aparentemente inocua de no "poner todos los huevos en una canasta".

Sin embargo, detrás de esta fachada de amabilidad y oportunidad profesional, había un juego de poder y manipulación. Leo utilizaba las redes sociales, ese escaparate público de vidas privadas, para tejer su red, atrayendo a Amarilis con la promesa de seguridad laboral y crecimiento profesional. Pero su interés iba más allá de simplemente ofrecer un empleo; era una estrategia calculada para insertarse en la vida de Amarilis, para convertirse en una figura de autoridad y confianza.

La culpa la tiene Amarilis. Por haberle dado paso a Leo en las redes, debería haber sido mucho más precavida. Sin embargo, Amarilis, llevada por la bondad que siempre la caracterizó, se dejó llevar por la confianza en el otro, un rasgo noble pero, en este caso, fatal. Conocemos de ella su búsqueda de la belleza, no solo externa, a través de procedimientos estéticos, sino también esa belleza en las interacciones humanas, creyendo en la bondad inherente de las personas. Su error, marcado por una ingenuidad digital, la convirtió en víctima de un depredador cibernético, oculto tras la máscara de la cortesía y el interés profesional. Amarilis, en su inocente deseo de conectar, de expandir su círculo social y profesional, no midió el riesgo que las redes sociales, ese vasto mar de interacciones sin rostro, podían esconder.

Leo, en la plenitud de su arrogancia, no pudo sino sentirse complacido, casi victorioso, ante el espectáculo de encontrar a la que consideraba su posesión, transformada y floreciente en su nueva belleza, como si el universo conspirara para devolverle a su ser amado, pero renovado, más acorde a sus gustos y expectativas. Para él, era como si la vida le ofreciera una segunda oportunidad para tener a su disposición lo que siempre había considerado suyo por derecho, un pensamiento que revelaba más de su carácter de lo que él mismo estaría dispuesto a admitir. Pero el próximo error del Dr Leo con un paciente le cambiara el rumbo a muchas personas. Sí, la vida, ese ente caprichoso y a veces cruel, estaba a punto de girar la rueda de la fortuna, mostrando que ni siquiera Leo, con toda su confianza y autoasignada grandeza, estaba libre de caer.

El quid del asunto es reconocer el error, pedir perdón, y solicitar investigación. Sin embargo, en un giro tan predecible como desafortunado para alguien de su estirpe, el Dr. Leo asumió, con una mezcla de orgullo y temor, toda la responsabilidad del error cometido, un error que no era sino el reflejo de la mayor equivocación de todas: la de creerse infalible. Un médico como él, sin las credenciales que justificaran su actuar, sin la humildad para aceptar su humanidad y sus fallos, estaba destinado, quizás, a este momento de caída.

En los entresijos de su proyecto Amarilis, el Dr. Leo continuaba con su rutina en la clínica estética, un escenario donde su habilidad para el engaño florecía tanto como su supuesta maestría médica. Era un mundo aparte, uno donde los sueños y las inseguridades de las personas se convertían en el lienzo sobre el cual él dibujaba sus promesas. ¿Quién podría haber imaginado que una mujer de mediana edad, alertada por algún comentario pasajero sobre sus párpados caídos, se convertiría en la próxima protagonista de esta narrativa? Una mujer que, después de ser cotizada una suma exorbitante por un cirujano plástico certificado, suma que fácilmente podría financiar una escapada de ensueño a Portugal, decidió buscar alternativas. Fue así como, guiada por un destino caprichoso o quizás por el susurro seductor de la rumorología local, llegó a la clínica del Dr. Leo.

El Dr. Leo, siempre listo con su labia y su encanto, no tardó en persuadir a esta mujer, que bien podría ser confundida con su madre, asegurándole que el procedimiento que ella deseaba no solo era posible, sino que podía realizarlo a través de una técnica menos invasiva y por la mitad del precio que le había sido cotizado previamente. Le habló de incisiones endoscópicas, tan minúsculas que se ocultarían en la línea del cabello, promesas envueltas en el celofán de la esperanza y el deseo de rejuvenecimiento, sin mencionar los riesgos ni las credenciales que a él le faltaban.

Así, con palabras dulces y promesas de un renacimiento estético a un coste mucho menor, el Dr. Leo tejió su red alrededor de una nueva víctima. Una red de esperanzas y sueños que, desconocida para ella, estaba cimentada en la inseguridad y la potencial catástrofe, hilada por un hombre cuya única certificación era su habilidad para manipular aquellos sueños en su propio beneficio.

Pero cometió un error. Prácticamente mata un paciente. Aunque la mujer durante la blefaroplastia no muere, tampoco vuelve a pestañear en su vida. La realización de la blefaroplastia, a pesar de llevar el nombre científico que le confiere un aura de rutina y seguridad, se vio empañada por una cadena de negligencias que culminaron en un desastre casi mortal. La paciente, sedada bajo el supuesto cuidado del Dr. Leo, se convirtió en una de esas raras estadísticas que ningún médico desea enfrentar: aquella que metaboliza los sedantes a un ritmo alarmantemente lento, conduciéndola al borde de la intoxicación. La toxicidad de la sedación la sumergió en un estado crítico, cesando su respiración, un giro inesperado que demandaba una acción rápida y eficiente.

Sin embargo, en el carro de paro, un elemento crucial para responder a tales emergencias, faltaban los tubos endotraqueales, un descuido inexcusable que exacerbó la ya tensa situación. La urgencia de intubar a la paciente para asegurar su oxigenación se convirtió en un frenético llamado al 911, una carrera contra el tiempo y la muerte. La espera por una ambulancia, en un contexto donde cada segundo cuenta, se vio prolongada por las condiciones deplorables de la ruta, marcada por boquetes que no solo representan un peligro para la integridad física de los vehículos, sino que en situaciones críticas como esta, pueden significar la diferencia entre la vida y la muerte.

En medio de la creciente tensión, un intercambio crítico tuvo lugar entre el Dr. Leo y su enfermera:

--"¿Cómo es posible que no haya tubos endotraqueales en el carro de paro?" --preguntó la enfermera, su voz teñida de pánico y reproche.

--"No es el momento para cuestionamientos inútiles. Encárgate de llamar al 911 ahora" --respondió el Dr. Leo, intentando mantener la calma pero su voz revelaba la tensión.

--"¡Esto no hubiera pasado si hubiéramos verificado el equipo antes de comenzar!" --insistió la enfermera anestesista, mientras corría a hacer la llamada de emergencia.

Cuando las autoridades finalmente llegaron a la clínica del Dr. Leo, tras el evento adverso que había tenido lugar, se encontraron con una situación que rayaba en lo caótico. La paciente afectada había estado recibiendo oxígeno a través de un resucitador manual durante más de 90 minutos, un intento desesperado por mantenerla con vida en ausencia de un tanque de oxígeno adecuado. Curiosamente, en la clínica se disponía de un tanque de óxido nitroso, pero no de oxígeno, un detalle que evidenciaba la falta de preparación y la negligencia en la administración de la clínica.

La ausencia de credenciales de uso de la clínica y la omisión de calmantes y sedantes apropiados para la anestesia en la certificación del botiquín eran indicativos de un problema mucho mayor. No solo se trataba de una infracción de las regulaciones médicas básicas, sino que apuntaba a un serio descuido por parte del Dr. Leo y su equipo. La gravedad de esta situación no solo comprometía la práctica médica del Dr. Leo, sino que también ponía en relieve las deficiencias en el cuidado y la seguridad del paciente.

El tiempo prolongado sin una oxigenación adecuada tiene consecuencias devastadoras para el cerebro humano. La privación de oxígeno lleva a la muerte prematura de las células cerebrales, las neuronas, afectando diversas funciones vitales y, en casos extremos como este, resultando en un coma irreversible debido a la muerte celular masiva. Para la paciente, la señora a quien se le había sugerido un simple levantamiento de párpados como solución a sus inquietudes estéticas, el resultado fue trágicamente irrevocable.

Todo este evento único de la clínica enfureció más el espíritu de Julio Leonardo artífice de todos estos desastres no naturales.

VIII

Las autoridades pertinentes del departamento de salud hicieron una investigación de los hechos. Se tardó más de seis meses hasta que finalmente le radicaron cargos a Dr. Leo por no poseer la certificación adecuada para la especialidad que ejercía, operar una clínica sin los permisos necesarios, y manejar medicamentos sin las certificaciones requeridas para su expedición. Además, su clínica fue clausurada, dejándolo a la espera de lo que determinase la junta examinadora y el departamento de justicia sobre su caso.

Prendieron la bestia que vivía dormida dentro de Julio Leo. Aunque se sometió a los designios de las leyes y las autoridades locales y federales, no ocultaba su ira hacia ellos como agencias impropias de ejecutar tales actos a un ser supremo como él, con el conocimiento que había adquirido y los múltiples problemas que había resuelto, y los miles de entuertos cosméticos que habían quedado bien. Por una simple complicación en una paciente que tenía un problema genético metabolizando los medicamentos anestésicos se le acusaba de intento de asesinato en segundo grado. El caso no iba a prosperar con un buen abogado.

Los últimos seis meses habían sido un vórtice de desesperación para el Dr. Leo. Con su clínica sellada bajo el peso de la ley y sus fuentes de ingresos evaporándose como agua en el desierto, se encontraba atrapado en un limbo profesional y personal. Lo único que parecía ofrecerle algún consuelo era la ilusión de haber reconectado con su antigua novia a través de las redes sociales, un espejismo de red que alimentaba con la falsa creencia de que ella, de alguna manera, volvía a ser parte de su vida. Pero esta creencia no era más que un juego de su propia mente; en realidad, ella no había accedido a tal reencuentro, al menos no con la sinceridad o el entusiasmo que él imaginaba. Para él, Amarilis se había convertido en un nuevo juguete en el vasto mundo digital, una amistad en las redes que distorsionaba para satisfacer su ego herido.

Esas mismas redes sociales, que en otros tiempos le habían servido para construir su imagen y atraer a una clientela deseosa de embellecimiento, ahora se convertían en su refugio, un lugar donde las distancias sociales y las barreras de la realidad se desvanecían. En este universo paralelo, podía reinventarse, al menos temporalmente, como el príncipe de su propio cuento, un líder leal y deseado, lejos de las complicaciones y las consecuencias de sus acciones en el mundo real. Las redes, en su magnificencia, permitían esa transformación, borrando con cada "me gusta" y cada comentario la imagen de un hombre cuya carrera se desmoronaba bajo el peso de sus propios errores. Pero incluso en este reino digital, la realidad de su situación acechaba, recordándole que el castillo que había construido en el aire estaba fundado en arena, susceptible de desmoronarse al menor soplo de verdad.

Durante esos interminables seis meses, la obsesión de Leo por Amarilis no encontró descanso. Bajo el disfraz de la cortesía y el amor no correspondido, continuó invadiendo su vida digital con insinuaciones y propuestas que bordeaban la fantasía. Le hablaba de escenarios imaginarios donde ella se convertía en su compañera indispensable en el ámbito profesional, insinuando un futuro donde trabajaran codo a codo en su consultorio, en un ciclo sin fin de día y noche.

Amarilis, desconocedora de las sombras que pueden albergar los corazones humanos, no tenía idea de la controversia que se cernía sobre la figura del Dr. Leo. La información sobre el incidente que había llevado al cierre de su clínica y a las investigaciones legales subsiguientes parecía haberse diluido en el mar de noticias diarias, sin alcanzar la prominencia que tales eventos habrían tenido si el médico implicado viniera de tierras lejanas. En la isla, los asuntos relacionados con los profesionales médicos locales, especialmente aquellos envueltos en el glamur de la cirugía estética a menudo quedaban relegados a un segundo plano, oscurecidos por una mezcla de proteccionismo comunitario y la distracción constante de otros escándalos. Si el incidente hubiera ocurrido en el extranjero, los periódicos habrían llenado sus páginas con historias proclamando la superioridad de los esteticistas locales, asegurando que a ellos no les ocurren tales desgracias.

Así, mientras Amarilis navegaba por su vida, ajena a las tormentas que azotaban el mundo de Leo, este último se aferraba a la ilusión digital que había creado, una en la que podría, eventualmente, hacer de Amarilis una parte integral de su vida reconstruida. Pero esta fantasía, construida sobre la arena de la desesperación y el deseo, ignoraba la verdad esencial de que las conexiones humanas no pueden forjarse ni sostenerse en el engaño y la manipulación. Sin saberlo, Leo tejía su propia red de soledad, una en la que la figura de Amarilis brillaba como un faro inalcanzable, más allá de la neblina de sus propias maquinaciones.

El día decisivo había llegado, un momento crítico en el que el Dr. Leo sintió la imperiosa necesidad de confrontar el torbellino emocional que había estado gestando en su interior. La idea de invitar a salir a Amarilis no era meramente un capricho; era un acto cargado de significado, un intento desesperado por insertarla en el caos que ahora definía su existencia, marcada por el escándalo de la paciente afectada. Era una encrucijada personal, un punto de inflexión: o Amarilis se convertía en su cómplice, su salvación en medio del desastre, o sería relegada al olvido, excluida de su vida por completo. La poseería él o no sería de nadie.

Sin embargo, Amarilis, con una intuición agudizada por las circunstancias, volvió a mirar con recelo las insistentes súplicas de Leo. Su oferta, disfrazada de oportunidad profesional, no era más que otro intento por encerrarla en su mundo turbulento. Una vez más, ella decidió rechazar la invitación, una decisión que avivó las llamas de la ira en Leo a niveles nunca antes vistos.

¿Cómo se atrevía ella, pensaba él, a despreciar sus avances? ¿Quién se creía que era esta mujer, que, aunque adornada con las mejoras físicas que tanto deseaba, seguía siendo en su mente una figura menor, una sombra en el gran esquema de su vida? En su percepción distorsionada, la negativa de Amarilis se convertía en un acto de agresión hacia él, un desprecio inaceptable que no podía, ni quería, tolerar. Nadie había osado retarlo de tal manera, y menos aún alguien que consideraba insignificante.

Este rechazo no solo encendió la bestia de la furia dentro de él, sino que también lo sumió en un mar de resentimiento y sensación de agravio. Para Leo, enfrentarse a la negativa de Amarilis era confrontar un ataque directo a su ego, una afrenta que desencadenó en él un deseo irracional de venganza y dominación. En su mente, Amarilis había cometido el peor de los crímenes: el de rechazarlo, de negarle la adoración y sumisión que él creía merecer por derecho. Y así, en su oscuro razonamiento, comenzó a trazar un plan, movido no por el amor, sino por el impulso de someter y controlar a quien se había atrevido a desafiarlo.

El doctor Leo, en su creciente obsesión, no cejaba en su asedio analógico hacia Amarilis. Con una constancia casi religiosa, elogiaba cada comentario, cada foto, celebrando incluso sus logros más triviales con un fervor que rayaba en lo inverosímil. Esta adulación no era más que una estratagema, un espejismo cuidadosamente construido de su propia imagen, diseñado para encandilar a Amarilis y reconquistarla, para poseerla nuevamente como en aquellos días que aún resonaban con la memoria de su primer encuentro como cuando le violentó su virginidad.

En esta danza electrónica de seducción, ambos presentaban perfiles transformados por sus respectivas cirugías estéticas. Las facciones del doctor Leo habían sido alteradas hasta tal punto que se volvían casi irreconocibles, una máscara permanente que ocultaba el rostro original que Amarilis había conocido. Por su parte, las modificaciones en el cuerpo de Amarilis eran tan impactantes que desataban en Julio Leo una mezcla de admiración, pasión sexual y deseo vehemente, un torbellino de emociones que le nublaba la razón.

Cada día, Leo tejía más apretada su red, intentando atrapar a Amarilis en una ilusión de afecto y admiración mutua. Se valía de todas las herramientas digitales a su disposición, desde mensajes directos llenos de halagos hasta comentarios públicos que pintaban una imagen de él como el admirador perfecto, el único capaz de valorar verdaderamente los cambios que Amarilis había elegido para sí misma.

Sin embargo, detrás de esta fachada de devoción y encanto, se escondía un juego de poder y control, una trama siniestra de asedio enmascarado en intriga y galantería. Leo estaba decidido a no dejar piedra sin mover en su esfuerzo por envolver a Amarilis en su mundo una vez más, dispuesto a usar su influencia y su presencia omnipresente en las redes para asegurarse de que, si no podía tenerla por los medios convencionales, la tendría por la insistencia, la manipulación y hasta la fuerza de ser necesario. Su mente, una vez lúcida y racional, ahora se carcomía por la visión de poseer a Amarilis, costara lo que costara, deslizándose cada vez más hacia los abismos de la obsesión.

El doctor Leo, en un acto desesperado y arriesgado, decidió enviar a Amarilis una invitación para que visitara su clínica, a pesar de que esta había sido clausurada por las autoridades locales tras el incidente que desató un escándalo. Su licencia médica había sido suspendida temporalmente mientras el Departamento de Justicia investigaba el caso, un golpe devastador para su práctica y su reputación.

Aun así, Leo, movido por una mezcla de desafío y un deseo irracional de impresionar a Amarilis, conservaba la llave de la clínica. Veía en esta llave no solo el acceso físico al edificio sino también una oportunidad para desplegar una última jugada de encanto y persuasión. Planificó mostrarle a Amarilis el espacio, quizás en un intento de evocar una nostalgia por los días mejores o de demostrar algún tipo de normalidad y control sobre su vida profesional, a pesar de la tormenta que se cernía sobre él.

En un detalle ominoso, los medicamentos sedantes que usualmente utilizaba en sus procedimientos aún no habían sido decomisados. Este hecho añadía una capa de peligro potencial a la visita, ya que estos medicamentos, en manos equivocadas o utilizados sin el debido cuidado, podrían representar un riesgo significativo.

Esta invitación, por lo tanto, no era simplemente un gesto de transparencia o un intento de reanudar operaciones normales; era un acto cargado de intenciones ocultas y desesperación. Leo estaba jugando en un terreno peligroso, manipulando las circunstancias a su favor, esperando que la presencia de Amarilis en la clínica clausurada, rodeada de los ecos de su antigua gloria y los peligros no tan lejanos, pudiera de alguna manera reavivar su conexión perdida y convencerla de su valor y estatus, a pesar de las evidentes señales de su caída.

IX

Finalmente, Amarilis cedió a las persistentes solicitudes del Dr. Leo. Después de tanto insistir, acordaron una fecha y hora específicas para que ella visitara las instalaciones de la clínica estética clausurada. Amarilis, más guiada por un temor cauteloso que por admiración, quería ver por sí misma si realmente podría considerar unirse a la práctica de Leo, aun cuando este lugar estuviera actualmente envuelto en sombras de duda y escándalo.

Con la cita acordada, lo que a simple vista parecía un simple encuentro profesional, se convertía sin saberlo en la preparación para un asedio final. Amarilis, inadvertidamente, había marcado en su calendario la fecha de un encuentro que podría tener consecuencias nefastas. Estaba a punto de entrar en el sitiar de un individuo que, más allá de sus maneras encantadoras y persuasivas, escondía un pasado oscuro y perturbador.

El Dr. Leo, que había sido expulsado de su residencia en cirugía por comportamientos inapropiados, había construido una identidad falsa como cirujano estético. Su carrera culminó trágicamente en un incidente grave, donde una joven paciente sufrió daños irreversibles debido a una falta de oxígeno al cerebro durante un procedimiento, resultado de una sedación mal manejada y un paro cardiorrespiratorio. Este evento había devastado la vida de la paciente, condenándola a un estado vegetativo perpetuo.

Este encuentro, pactado bajo el pretexto de una oportunidad laboral, se cargaba con un aire ominoso. Amarilis, aunque no completamente consciente de la gravedad de la situación, se acercaba a un momento crítico que definiría mucho más que su futuro profesional. Entraba, quizás, en la fase más peligrosa de su relación con el Dr. Leo, un hombre cuya capacidad para infligir daño había quedado demostrada, y cuyas intenciones podrían ser cualquier cosa menos benignas.

Hacía cuatro años que Julio Leo había obsequiado a su madre una Ford Bronco negra, un regalo para el Día de las Madres que marcaba un momento de prosperidad y aparente generosidad en su vida. Sin embargo, la fortuna que había acumulado a través de su clínica se había visto mermada drásticamente, llevándolo a entregar su BMW convertible M3 al banco debido a la incapacidad de mantenerse al día con las mensualidades. Este contraste entre la ostentación del pasado y la realidad financiera actual reflejaba la caída en desgracia de Leo, no solo en lo personal, sino también en lo profesional.

En el día acordado para el encuentro con Amarilis, Leo llegó a la clínica clausurada una hora antes de lo previsto. Con una mezcla de anticipación y meticulosidad oscura, preparó lo que él consideraba necesario para la cita. No era una preparación común para una entrevista de trabajo; en lugar de documentos o presentaciones, Leo dispuso una bandeja de instrumentos estériles que incluía un bisturí marca Bard-Parker número doce y varias pinzas quirúrgicas, elementos que no presagiaban nada bueno.

Junto a estos instrumentos, colocó un barbitúrico potente en forma de aerosol y Ketamina inyectable, un hipnótico de fuerte efecto. Estos preparativos no eran de alguien que planeara simplemente discutir una oferta de empleo, sino más bien los de alguien que se preparaba para un tipo de encuentro mucho más siniestro y controlador.

Esta escena preparada por Leo mostraba un plan con intenciones nefastas, revelando la profundidad de su desesperación y posiblemente su deseo de controlar totalmente la situación, extendiéndose a dominar la voluntad y las decisiones de Amarilis. La llegada anticipada y los preparativos meticulosos indicaban un deseo de asegurar que nada se interpusiera en su camino, planeando cada detalle con una precisión que era tanto impresionante como alarmante. La transformación de un espacio que alguna vez fue dedicado a la curación, ahora en escenario de un plan macabro, simbolizaba la corrupción total del carácter y ética profesional de Leo.

Amarilis arribó puntualmente a la cita, el corazón le palpitaba al contemplar desde afuera las impresionantes instalaciones que ahora tenía frente a ella. Con manos temblorosas, presionó el timbre de la entrada principal y aguardó, sumergida en una mezcla de expectativa y un temor soterrado. El Dr. Leo, consciente del sonido del timbre, dejó pasar unos segundos deliberadamente, cultivando un aire de tranquilidad calculada antes de abrir la puerta. Allí estaba él, revestido de su autoridad médica, la bata blanca delineando su nombre y especialidad en letras bordadas que contrastaban con el puro blanco.

--"Buenas tardes, presumo que usted es la enfermera Amarilis?" preguntó el Dr. Leo, aunque conocía perfectamente la respuesta.

Amarilis, con un atisbo de pánico en sus ojos y la sensación desasosegante de estar reviviendo un episodio de su pasado, se dice déjà vu, respondió con voz vacilante:

--"Señorita Amarilis Cintrón, para servirle," --y tras una pausa, añadió con un hilo de voz-- "No sé, pero me parece que a usted yo lo conozco doctor, de algún lugar anterior."

Leo, con una respuesta rápida que pretendía disipar sospechas, contestó:

--"Quizás de cuando estaba entrenando en los Estados Unidos."

--"Perdone, pero quizás sea una equivocación mía, aunque yo entrené localmente en el recinto de ciencias médicas," --la incertidumbre comenzó a corroer la confianza de Amarilis, mientras un mal presentimiento la envolvía.

--"No importa, Dr. Leo para servirle. Pase por aquí para que vea la clínica estética," --comentó el doctor, inquieto ante la posibilidad de ser reconocido.

Mientras Amarilis transitaba desde la lujosa área de espera hasta el cubículo de la secretaria, adornado con un impresionante óleo de una mariposa Morpho azul, intentaba con todas sus fuerzas recordar dónde había visto antes a aquel médico cuya mirada y tono de voz evocaban recuerdos que deseaba haber borrado para siempre.

Leo guio a Amarilis a través del laberinto de cubículos de su oficina, cada uno con sus propios secretos y ecos de procedimientos pasados. Se adentraron en una sala particularmente lúgubre, una sala de procedimientos menores que albergaba una macabra colección de aparatos médicos: una máquina de anestesia, dispositivos para la medición de oxígeno en la sangre y monitores de capnografía. Aquí, el aire todavía parecía resonar con el eco de un incidente nefasto; una paciente anterior había sufrido un paro respiratorio por una dosis mal calculada de anestesia regional. Ahora, yacía inerte, una sombra de su antiguo ser en una casa de salud, un testimonio mudo de la impericia del doctor que había conducido al cierre de su consulta.

Más allá de esta sala, se extendían dos cubículos adicionales: uno era un rincón modesto equipado para la preparación y el consumo de alimentos, que mostraba una fachada de normalidad en medio de la anormalidad del lugar. El otro, más íntimo, albergaba una cama sencilla destinada al reposo o, quizás, a propósitos menos inocentes. Estos espacios, escondidos tras la fachada clínica del consultorio, eran los dominios personales de Leo, rincones donde se entremezclaban la rutina diaria con el potencial para actos más oscuros y solitarios.

Pero fue al adentrarse en el cubículo principal del Dr. Leo, al sentarse en la silla destinada para los pacientes, cuando un grito mudo de terror se desató en su interior. De súbito, la sangre en sus venas se convirtió en hielo. Frente a ella colgaba una reproducción del diploma que Julio había falsificado, proclamándose un cirujano general de un prestigioso programa cuando Amarilis sabía que lo habían expulsado.

El golpe más aterrador para la fragilidad de Amarilis llegó al leer claramente el nombre 'Julio Leonardo Salazar' en la documentación. Un escalofrío de reconocimiento la recorrió. Se quedó inmóvil, fija su mirada en el diploma, mientras el doctor se ausentaba de la habitación. Su mente se inundó con recuerdos tortuosos, aquel pasado tumultuoso con este hombre que ahora volvía a su presente.

La cirugía autoadministrada por Leo había alterado su fisonomía con la destreza de un escultor obsesionado por su propia imagen. La ptosis palpebral había sido corregida, sus párpados ahora no sugerían el menor atisbo de debilidad ni cansancio. Su mentón, previamente disimulado por la falta de definición, ahora se alzaba con una prominencia resuelta. La nariz, antes quizás demasiado característica, había sido suavizada en sus contornos, y los labios, en un intento de seguir los cánones modernos de belleza, se mostraban ligeramente más carnosos, insinuando una juventud recobrada. Todo oculto bajo una espesa barba oscura.

Sin embargo, en el ímpetu de renovar su rostro, Leo no había contado con la memoria inquebrantable de Amarilis. Los ojos, aunque rodeados ahora de tejido rejuvenecido, seguían siendo los mismos: dos pozos oscuros que escondían historias que Amarilis hubiera preferido olvidar. Su voz, esa cadencia particular que no se puede disfrazar ni con el mejor de los artificios, traicionó cualquier intento de Leo por enmascarar su pasado. Fue esta inmutabilidad en su mirada y su timbre lo que, sin lugar a duda, lo delató ante Amarilis, conectando el presente con recuerdos que ella creía sepultados.

Sudando profusamente bajo su vestido, empapada de un miedo insondable, repasó cada fragmento de aquellos oscuros capítulos de su vida, reviviendo el momento brutal en el que Julio la había violado contra su voluntad, el dolor que le había infligido, la sangre que había derramado.

Tan pronto como el Dr. Leo percibió la palidez emergente en el rostro de Amarilis y vio cómo sus ojos destellaban con el reconocimiento del peligro, supo que había llegado el momento de actuar. Con una destreza que desmentía su aparente calmada fachada, empapó una toalla quirúrgica con un barbitúrico en forma de aerosol. La acercó sigilosamente hacia las mejillas de Amarilis, con una suavidad que rozaba la perversidad, esperando que, en su desesperado intento por liberarse, ella inhalaría vorazmente el anestésico disperso en el aire.

Amarilis, luchando por cada aliento y anhelando escapar, inadvertidamente aspiró más profundamente, acelerando la absorción del hipnótico que se disolvía con cada inhalación. La oscuridad empezó a cerrarse sobre ella como un telón, mientras sus párpados se volvían plomizos bajo el influjo del sedante. Y así, en un parpadeo que parecía extenderse eternamente, Amarilis fue sometida a un sueño abismal, un letargo del que su conciencia, aterrada y solitaria, temía no volver a despertar jamás.

Apenas Amarilis quedó sumida en la penumbra de la inconsciencia, el Dr. Leo, con una serenidad perturbadora y movimientos precisos, extrajo de un vial la cantidad calculada de ketamina. Su aguja perforó la piel del musculo deltoide izquierdo de Amarilis con una precisión quirúrgica, inyectando los veinticinco miligramos de la potente sustancia. Casi al instante, la droga se diseminó por su sistema, arrastrando a Amarilis a un trance hipnótico, un abismo de somnolencia del que no podía, ni sabía cómo, escapar.

En este estado disociativo, donde la realidad se entrelaza con alucinaciones, la enfermera Amarilis quedó a la deriva, flotando en una oscuridad en la que los límites de su ser parecían desvanecerse. Era una marioneta en las manos del Dr. Leo, cuyo semblante escondía las intenciones más siniestras detrás de la máscara de un cuidador. Con su víctima indefensa ante él, Leo comenzó a urdir su próximo paso, guiado por una mente maquinadora que planeaba aprovechar aquel estado de vulnerabilidad al máximo. Amarilis, sumergida en el sopor inducido por la ketamina, era ajena a los oscuros designios que la rodeaban, perdida en una pesadilla de la que no tenía certeza de poder despertar.

Consumido por un deseo obsesivo y perverso, Leo anhelaba apoderarse de Amarilis, someterla a su voluntad y convertirla en un objeto de su posesión. Su mente, rápida y perturbada, barajó la posibilidad de trasladarla al cuarto silencioso al fondo de la clínica, aquel que albergaba un modesto catre destinado al reposo. Sin embargo, la idea fue descartada tan pronto como surgió, consciente de que cualquier investigación futura podría revelar los actos nefastos cometidos entre esas cuatro paredes.

En su lugar, Leo, con un pragmatismo tan frío como su intención, optó por transportar a Amarilis en la parte trasera de su Ford Bronco negra. Cuidadosamente, la colocó en el vehículo, asegurándose de que no fuera visible desde el exterior. Con un zumbido ominoso, el motor cobró vida y se deslizó por las calles, alejándose de la clínica y llevando consigo a la enfermera, ahora víctima de sus oscuros propósitos.

El destino era un motel en Caguas, un lugar donde podría llevar a cabo sus malévolos designios lejos de miradas curiosas, un sitio donde la soledad y el anonimato le proveían el velo necesario para ocultar sus acciones. La transición de Amarilis desde la seguridad de su vida cotidiana hasta el confinamiento de aquel vehículo, a manos de un hombre cuya mente albergaba solo sombras, era un testimonio del giro terrorífico que había tomado su realidad.

Al llegar al motel de reputación dudosa, Leo realizó el pago de la habitación en un entorno donde la discreción era la norma y la observación, un arte olvidado. Con métodos calculados, trasladó el cuerpo aún insensible de

Amarilis hacia la cama redonda que dominaba la estancia. En un intento por crear una atmósfera menos sórdida, puso música romántica de Luis Miguel y se sirvió un tequila puro, creyendo en el viejo mito de que este podría revivir pasiones dormidas.

Además de la cama redonda giratoria, adornada con varios cojines que mostraban signos evidentes de uso frecuente, el cuarto estaba equipado con un enorme espejo, también redondo, colocado en el techo. Este espejo, estratégicamente ubicado, permitía a los ocupantes de la cama observar con detalle las acciones que ocurrían bajo él, capturando los movimientos de los amantes en una perspectiva única y voyeurística.

Completando las instalaciones del apartamento temporal, se encontraba un modesto baño de abluciones, cuyas dimensiones y equipamiento eran justos para las necesidades básicas de quienes alquilaban la habitación por unas pocas horas. Este pequeño espacio sanitario, aunque funcional, contrastaba con la ostentación y la decadencia sugeridas por la cama giratoria y el espejo del techo, ofreciendo un recordatorio sombrío de la naturaleza transitoria y meramente superficial del lugar.

Con una mezcla de deseo y precaución, comenzó a desvestir a Amarilis lentamente. No había prisa en sus movimientos, no por temor a que ella despertara —los sedantes se encargaban de ello— sino por el cuidado de no dañar sus delicadas vestimentas o, lo que es más crítico, no deteriorar su cuerpo meticulosamente remodelado. Mientras despojaba a Amarilis de sus ropas, sus ojos no pudieron evitar detenerse en los senos reconstruidos, testimonios de una estética cuidadosamente elegida.

Subyugado por la vista de sus pechos, Leo empezó a acariciarlos suavemente, ensalivando y succionando cada pezón con un fervor creciente. Aunque sumida en un profundo letargo por los sedantes, el cuerpo de Amarilis reaccionaba instintivamente al contacto;

pequeñas convulsiones de placer que ella misma no podía reconocer ni, mucho menos, consentir en su estado de inconsciencia. Estos gestos involuntarios de Amarilis eran ignorados por Leo, cuyas acciones eran guiadas únicamente por sus impulsos más oscuros y depravados, en un escenario donde la moralidad había sido desplazada por la coerción y el control.

Deslizó con cuidado las bragas de Amarilis, exponiendo la delicada intimidad de su cuerpo. Con un gesto invasivo, humedeció con sus labios la zona erógena que yacía ante él, evocando la imagen de una mariposa con sus alas extendidas. Exploró meticulosamente con su lengua, provocando una reacción involuntaria que liberó secreciones glandulares ante el estímulo incesante.

Continuó con su acto depredador, penetrando repetidamente, cada embestida buscando su propio clímax en una sucesión frenética de orgasmos. Bajo la pesada cortina de los sedantes, Amarilis, en un estado alterado y ajeno a su voluntad, parecía responder físicamente a las manipulaciones a las que era sometida, una grotesca distorsión de placer en medio de la violación.

Esta escena, profundamente macabra y perturbadora, se desarrollaba mientras la conciencia de Amarilis permanecía eclipsada por la química de los sedantes, su cuerpo reaccionando de manera refleja a estímulos que su mente no estaba en condiciones de procesar o consentir.

Julio, en un acto de brutalidad continuada, giró el cuerpo de Amarilis para acceder a ella desde otra posición. No contento con violarla vaginalmente, también la sometió a un asalto anal, dejando un rastro de su ADN en forma de semen a lo largo de su cuerpo, la zona anal, y las sábanas de la cama del motel. Esta serie de actos no solo marcaban su dominio físico, sino que también sembraban inadvertidamente evidencias cruciales para futuras investigaciones.

Después de haberla violado por detrás, con una crueldad calculada, Julio introdujo su verga aún erecta en la boca de Amarilis. En un acto final de desprecio, eyaculó, depositando su semen en su boca. Este acto vil pretendía ser un grotesco gesto de alimentarla con su esencia genética, una manera de marcar su total control sobre ella incluso en los aspectos más íntimos y personales.

Estos actos de violación no solo dejaron cicatrices físicas y emocionales en Amarilis, sino que también esparcieron pruebas del crimen de Julio por todo el lugar del asalto. Sería a través de estas muestras de semen, despiadadamente depositadas por Julio, que eventualmente se conectaría el acto final con su autor, revelando su identidad como el perpetrador de este horrendo crimen.

Julio tomó un breve respiro, descansando en la cama redonda del motel durante treinta minutos, recuperándose antes de continuar con su cruel asalto sexual. Sin embargo, no había previsto que los efectos de los sedantes comenzarían a disminuir en el sistema de Amarilis, quien gradualmente empezaba a recuperar la conciencia en medio de esta situación horripilante.

Cuando Julio inició nuevamente su agresión, esta vez enfrentando directamente a Amarilis, los ojos de ella lentamente empezaron a abrirse, volviendo a la cruel realidad de su dolor y el reconocimiento del ataque que estaba sufriendo. Mientras la penetraba, Amarilis comenzó a percibir el origen del intenso dolor; una cruel y clara lucidez se asomaba en su mirada, una señal de que estaba comenzando a entender la magnitud de la violación atroz a la que estaba siendo sometida.

Este despertar parcial, en medio del acto violento, añadió una capa de terror psicológico al ya insoportable tormento físico. Amarilis, ahora parcialmente consciente, se encontraba atrapada en una realidad donde cada movimiento de Julio se convertía en una tortura amplificada por la creciente comprensión de su situación vulnerable y desesperada.

En un desesperado intento de defensa, Amarilis logró empujar a Julio, haciendo que perdiera el equilibrio y cayera al suelo. No obstante, él se recuperó rápidamente del traspié. Con movimientos ágiles y calculados, Julio se dirigió hacia su maletín de instrumentos que siempre llevaba consigo, extrayendo de él un bisturí número 12 de la reconocida marca Bard-Parker. Amarilis débil aun mantenía un sopor medicinal.

Con una precisión fría y metódica, reflejo de su entrenamiento quirúrgico, Julio realizó un corte transversal y meticuloso en la parte anterior y baja del cuello de Amarilis cuando esta volvió a arremeterlo presa de su debilidad. La incisión, profunda y certera, abrió de manera brutal el conducto respiratorio de ella, dejando al descubierto la vulnerabilidad de su existencia en ese acto de violencia inaudita. Este acto no solo buscaba someter físicamente a Amarilis sino que también simbolizaba un control extremo y perturbador, marcando un punto de no retorno en la espiral de acciones despiadadas de Julio.

Tras el brutal corte en la tráquea, Amarilis comenzó a experimentar los efectos devastadores de la herida infligida. Mientras la sangre emanaba copiosamente, obstruyendo aún más su ya comprometido sistema respiratorio, el oxígeno dejaba de alcanzar su cerebro de manera eficiente. La hipoxia cerebral, un estado de déficit de oxígeno en el cerebro, empezó a tomar control de su cuerpo, iniciando un proceso silencioso pero letal.

En los minutos que siguieron, Amarilis luchaba por cada aliento en un esfuerzo desesperado y fútil por sobrevivir. Ambas manos seguían hasta su cuello origen de su asfixia. Cada inhalación era un reto doloroso y cada exhalación un recordatorio de su inminente final. El oxígeno necesario para mantener sus funciones cerebrales básicas se reducía drásticamente, causando una confusión mental aguda, visión borrosa y una sensación de mareo que se intensificaba con cada segundo que pasaba.

Poco a poco, la realidad se desvanecía para Amarilis mientras caía en un estado de semi-consciencia; su mundo se reducía a fragmentos de percepciones inconexas y distorsionadas. Su capacidad para pensar claramente o responder al entorno se disipaba tan rápido como el oxígeno en su sangre. Finalmente, los efectos de la hipoxia se consolidaron, y Amarilis se encontraba atrapada en una lucha interna por la vida, una batalla que se inclinaba cada vez más hacia un desenlace fatal.

Julio Leo había consumado el acto más atroz; había asesinado a su víctima después de haber abusado de ella despiadadamente. La vida de una mujer inocente había sido cruelmente truncada por sus manos. Tras perpetrar el acto, un sentimiento de pánico inundó a Julio al darse cuenta de la magnitud de su crimen. Miró a su alrededor, horrorizado por la escena de brutalidad que él mismo había creado.

En un estado de nerviosismo frenético, recogió rápidamente sus pertenencias. Cada movimiento estaba impregnado de la urgencia de huir y el temor a ser descubierto. Con meticulosidad compulsiva, revisó el lugar en busca de cualquier evidencia que pudiera incriminarlo en el asesinato premeditado y monstruoso de Amarilis. Asegurándose de no dejar rastros de su presencia o de su acto vil, Julio se movió con una mezcla de rapidez y cautela.

Finalmente, convencido de que había borrado todas las pistas posibles, Julio abandonó la escena del crimen a la carrera. Su mente estaba en tumulto, agitada por el miedo a las consecuencias de su acción y el alivio temporal de haber eliminado las evidencias de su delito. Se alejó lo más rápido que pudo, desapareciendo en la sombra de la noche, llevando consigo el peso de su culpa y el fantasma de la vida que había arrebatado.

El cuerpo sin vida de Amarilis yacía abandonado en el centro de la cama redonda del motel, su cuello marcado por un corte profundo en la tráquea, testimonio mudo de la violencia sufrida. Fue así como la descubrieron, cuando los encargados del motel, lugares a menudo indiferentes y descuidados, decidieron verificar la habitación debido a que el tiempo pagado por el huésped había expirado y este no había emergido de la habitación.

La escena que se encontraron fue macabra: en medio de la opulencia artificial de la cama giratoria y los cojines desgastados, la figura de Amarilis parecía particularmente trágica y desolada. Esta revisión rutinaria pronto se convirtió en un caso para las autoridades: los administradores, superando su usual apatía, llamaron a la policía local.

Con la llegada de los uniformados, el trágico destino de Amarilis empezó a ser oficialmente documentado. El área fue acordonada, y lo que comenzó como un procedimiento estándar de verificación de un huésped tardío se transformó en una investigación criminal. La hermosa Amarilis, ahora reducida a una víctima de un acto despiadado, yacía como el centro de un torbellino de actividad policial.

Allí, en ese lugar anónimo y sórdido, quedaba Amarilis, capturada eternamente por la muerte a manos de un psicópata que había desaparecido tan abruptamente como había entrado en su vida, dejando tras de sí un rastro de horror y consternación.

Leo, en un intento calculado por desvincularse de cualquier evidencia física que pudiera conectarlo con el crimen, optó por deshacerse de la Ford Bronco. Sabía que el vehículo, utilizado durante el acto atroz, podía convertirse en una pieza clave en la investigación si se le asociaba con él. Para asegurarse de que el auto desapareciera sin dejar rastro, se lo vendió a un conocido traficante de coches usados y de dudosa reputación, apodado el "Junker de Jaime".

Jaime, el dealer en cuestión, tenía un negocio bastante lucrativo eliminando autos que podrían estar implicados en actividades criminales. Por una suma de dos mil dólares, él se encargaba de hacer que cualquier vehículo sospechoso se "evaporara", asegurando que no quedara ninguna evidencia tangible que pudiera vincular esos coches con sus previos dueños en contextos ilícitos. Esta eliminación de pruebas era una parte crítica de su servicio, facilitando que individuos como Leo pudieran distanciarse de sus delitos con una menor probabilidad de ser descubiertos.

En el caso de Leo, además de deshacerse del vehículo, no había evidencias directas que lo conectaran con la víctima, excepto algunas interacciones esporádicas en redes sociales que, sin contexto adicional, no eran concluyentes. Esta falta de conexiones claras y directas con la fallecida Amarilis, combinada con la desaparición de la Ford Bronco, formaba parte de su estrategia para mantenerse como un fantasma en la investigación, un espectro apenas perceptible en el periférico de las autoridades.

X

Alfredo Montesinos, el astuto investigador privado contratado por la desconsolada familia de Amarilis para esclarecer las circunstancias de su trágico asesinato, se encontraba sumido en su labor. Su escritorio estaba abarrotado de documentos y evidencias recopiladas meticulosamente durante la investigación. Tras haber realizado una serie de entrevistas profundas y reveladoras con los parientes más cercanos de Amarilis en su natal Moca, Alfredo había comenzado a atar cabos importantes.

Alfredo Montesinos, el investigador privado a cargo del caso de Amarilis, se encontraba reflexionando intensamente sobre los detalles del crimen desde la comodidad de su terraza. Sentado con las piernas cruzadas sobre el escritorio, disfrutaba del sabor de una cerveza Heineken mientras el viento jugueteaba con la apertura de la botella, creando un suave susurro que acompañaba sus pensamientos.

Mientras digería la información recopilada y planificaba sus próximos movimientos, Alfredo soñaba con resolver el caso. Imaginaba cobrar la recompensa acordada por su ardua labor y, quizás esta vez, permitirse un descanso merecido en la exótica isla de Mórea en la Polinesia. Este lugar, famoso por ser uno de los refugios del célebre Paul Gauguin quien se instaló allí tras dejar atrás la figura de un envejecido y decadente Van Gogh, parecía el destino perfecto para escapar de la rutina y el caos de su trabajo actual.

La idea de caminar por los mismos senderos que Gauguin exploró y donde pintó sus icónicas y voluptuosas figuras, le proporcionaba a Alfredo un sentido de conexión con el arte y la historia, un contraste refrescante con el mundo oscuro y a menudo peligroso de la investigación criminal. En ese momento de introspección, Montesinos se veía a sí mismo no solo como un detective en busca de justicia, sino como un viajero en busca de inspiración y paz, lejos de los sombríos detalles de su trabajo diario.

Este diligente agente logró asegurar entrevistas con dos figuras clave que podrían arrojar luz sobre el caso: Ángel Marcial, quien recientemente había forjado una amistad con la víctima y se perfilaba como un testigo crucial debido a su cercanía temporal con los eventos; y el enigmático Doctor Leo, una personalidad que se ocultaba tras una fachada de respetabilidad médica. Ambos personajes eran de interés primordial en la investigación, y Alfredo se preparaba meticulosamente para estos encuentros, consciente de que cualquier detalle que pudieran ofrecer sería vital para desentrañar el misterio que rodeaba la muerte de Amarilis.

Con un enfoque sistemático y una mente analítica, Montesinos revisaba continuamente las notas y pruebas recabadas, buscando inconsistencias o pistas que le permitieran construir una narrativa coherente de los eventos. Estaba determinado a llegar a la verdad, no solo para llevar justicia a la familia de Amarilis, sino también para asegurar que un peligroso asesino fuera capturado y no pudiera dañar a nadie más.

Durante su encuentro con Ángel Marcel, Alfredo Montesinos no tardó en percibir la profundidad del afecto que este hombre había desarrollado hacia Amarilis. Las evidencias de un amor no correspondido y recientemente truncado eran palpables; Ángel había caído en una depresión notable tras el brutal asesinato de la joven. Alfredo examinó las diversas pruebas: las interacciones románticas en redes sociales, los comentarios conmovidos de los padres de Amarilis y, sobre todo, la emotiva entrevista inicial con Ángel, donde las lágrimas habían fluido libremente mientras relataba cómo se sentía injustamente tratado como sospechoso en el homicidio de la mujer que admiraba y deseaba cortejar.

Este cúmulo de emociones y evidencias dejó claro a Alfredo que Ángel estaba profundamente impactado por la tragedia. Había llorado abiertamente durante la entrevista, expresando su dolor y frustración por estar involucrado en la investigación como un posible culpable, cuando en realidad estaba lidiando con la pérdida de alguien a quien había empezado a querer sinceramente. El investigador notó que cada recuerdo de Amarilis invocaba en Ángel una tormenta de tristeza y desolación, revelando un corazón genuinamente afectado y roto por la violencia que había arrancado a Amarilis de este mundo.

Alfredo Montesinos había llegado a la conclusión definitiva de que Ángel Marcel, a pesar de sus complicaciones emocionales y su historial de relaciones tanto con hombres como con mujeres, no poseía la capacidad física ni la frialdad necesaria para manejar un bisturí con la intención de herir letalmente a alguien. La idea de Ángel infligiendo un corte fatal en el cuello de una persona era inconcebible; él simplemente no tenía la constitución ni el temple para cometer un acto tan brutal. Ángel, en opinión de Alfredo, era más un calculador que utilizaba su encanto para manipular a otros, un gigoló que no se arriesgaría a mancharse las manos en un acto de violencia directa.

En cambio, el doctor Leo, el otro principal sospechoso en el caso, exhibía un perfil completamente diferente. Su formación médica y su acceso a instrumentos quirúrgicos lo hacían un candidato mucho más probable para haber realizado un corte tan meticuloso y fatal como el que había sufrido Amarilis. Además, su enigmática personalidad y su posible capacidad para ocultar una naturaleza más oscura bajo una fachada de profesionalismo le conferían los atributos necesarios para ser considerado como un verdadero sospechoso en este crimen atroz.

Decidido a seguir esta línea de investigación más prometedora, Alfredo optó por concentrar sus esfuerzos en descifrar los misterios que rodeaban al Dr. Leo. Estaba determinado a explorar cada aspecto de su vida profesional y personal, convencido de que allí encontraría las claves para resolver el asesinato de Amarilis. La investigación se intensificaría con un enfoque renovado, apuntando a desenmascarar cualquier indicio de culpabilidad que pudiera estar escondido en la existencia aparentemente respetable del doctor.

Durante su meticulosa entrevista con el Dr. Leo, Alfredo Montesinos había lanzado una serie de preguntas cuidadosamente diseñadas para evaluar la reacción del doctor y buscar inconsistencias en su relato. Aunque algunas de las respuestas de Leo habían levantado sospechas en Alfredo, indicando que podría estar frente al asesino, aún carecía de pruebas concretas para proceder con una acusación formal.

El investigador sabía que necesitaba un vínculo más sólido para poder implicar legalmente al Dr. Leo en el asesinato de Amarilis. La Ford Bronco negra, un elemento clave en la desaparición de Amarilis, no figuraba en los registros vehiculares del doctor, lo que dificultaba establecer una conexión directa. Además, el otro vehículo que Leo poseía ya había sido entregado a las autoridades para su inspección, sin hallazgos significativos que pudieran ser utilizados en su contra.

La situación del Dr. Leo con respecto a su práctica profesional también era complicada. Su clínica había sido clausurada, un detalle que añadía una sombra de duda sobre sus actividades profesionales. Más incriminatorio aún, la certificación médica de Leo para practicar estaba actualmente suspendida por el tribunal de examinadores médicos del país, lo que planteaba preguntas sobre su conducta y ética profesional.

Alfredo se encontraba en un punto crítico de la investigación. A pesar de las sospechas y los indicios que apuntaban hacia el Dr. Leo como un posible culpable, la falta de pruebas físicas concretas y la habilidad del doctor para mantener una fachada de legalidad complicaban cualquier intento por acusarlo formalmente. El investigador sabía que necesitaba seguir buscando, profundizando en la vida y antecedentes de Leo para encontrar la pieza faltante que pudiera finalmente conectarlo con el brutal asesinato de Amarilis.

En su exhaustiva búsqueda de pistas, Alfredo Montesinos se encontró con un detalle crucial que complicaba aún más el caso: el análisis del material genético encontrado en la escena del crimen. El semen recogido, una prueba potencialmente decisiva, no coincidía con ninguno de los perfiles genéticos de los sospechosos conocidos hasta la fecha, incluidos los registros de delincuentes previos y menos aún con el del Dr. Leo.

La ausencia del ADN del doctor en los registros genéticos de prisioneros anteriores no era inusual dado que no tenía antecedentes penales, pero sí añadía una capa de dificultad a la investigación. Esto significaba que, si el Dr. Leo era realmente el culpable, había logrado evitar dejar rastros concluyentes de su ADN en situaciones legales anteriores, lo cual no solo señalaba su posible cuidado para no ser atrapado sino también planteaba un desafío significativo para vincularlo directamente con el crimen a través de evidencia genética.

Alfredo se enfrentaba a la posibilidad de que el asesino pudiera haber sido extremadamente cauteloso, o peor aún, que hubiera más de una persona involucrada en el asesinato de Amarilis y que el verdadero culpable aún no estuviera en el radar de la policía. La investigación, por lo tanto, requería una revisión y expansión aún mayores, explorando no solo los posibles vínculos conocidos sino también aquellos que podrían haber permanecido ocultos o ser inesperados.

Esta situación forzaba a Alfredo a considerar nuevas estrategias y posiblemente a colaborar más estrechamente con las autoridades forenses para rastrear cualquier otro tipo de evidencia que pudiera estar disponible, esperando encontrar algún indicio que pudiera finalmente llevar a la identificación del verdadero autor del crimen.

Sentado frente a Leo, Alfredo Montesinos lanzó una pregunta crucial, buscando claridad en un asunto que consideraba esencial para comprender el perfil del doctor:

--"Así que doctor, ¿me puede explicar por qué usted dejó la residencia de cirugía, por favor?" --preguntó con un tono que denotaba la seriedad de la investigación.

--"Eso es así, sucede que un profesor de cirugía pediátrica durante esa rotación clínica se ensañó conmigo porque alegaba que no estaba haciendo bien mi trabajo. Sus malas calificaciones personales alentaron al grupo del departamento a que me removieran de mi puesto," --respondió Leo, omitiendo voluntariamente cualquier mención a cómo solía marcar con sus iniciales las cavidades internas de los pacientes o cómo el personal de sala de operaciones había presentado quejas formales acusándolo de mutilación con el uso del laparoscopio. Lo que Leo ignoraba era que Montesinos ya había visitado el departamento de cirugía del recinto de ciencias médicas antes de la entrevista y había obtenido toda esa información comprometedora. Leo no estaba mintiendo en su esencia, simplemente estaba tergiversando la verdad.

Prosiguiendo con su interrogatorio directo, Alfredo planteó otra pregunta incisiva:

--"¿Es cierto o no es cierto, doctor, que usted marcaba con un cauterio tipo carimbo a los pacientes quirúrgicos, incluyendo los pediátricos?" --inquirió Montesinos.

--"¡Eso no es cierto!" --respondió Leo con vehemencia. --"Puede ser que con el uso del cauterio laparoscópico mal colocado alguien del personal haya pisado el control que se encuentra en el piso y por equivocación hayamos cauterizado algo adicional con lo que no contábamos, pero no como se me acusaba, agente," --se defendió Leo, intentando minimizar su responsabilidad en los actos de que se le acusaba.

Alfredo continuó con las preguntas básicas para entender mejor el trasfondo del doctor:

--"¿Tenía usted un vehículo Ford Bronco negro, doctor?"
--

--"Le había comprado a mi mamá uno hace mucho tiempo atrás, pero se lo robaron de la casa de la vieja y ella no lo reportó como debió hacerlo," --explicó Leo, tratando de desvincularse de cualquier conexión con el vehículo en cuestión.

--"Doctor, ¿dónde estudió medicina?" --

--"En la escuela de medicina de la universidad del país," --dijo Leo.

--"¿Se distinguió usted en alguna rama de la medicina?"
--

--"En tercer año de medicina me hicieron, junto a otros seis compañeros, miembro permanente de la sociedad médica de honor, Alfa Omega Alfa," --compartió Leo, no sin un cierto orgullo.

--"Lo felicito, doctor," --concedió Montesinos, manteniendo la cortesía profesional.

--"Gracias," --respondió Leo, aceptando el reconocimiento con una mezcla de satisfacción y cautela.

Alfredo Montesinos se inclinó hacia adelante, fijando su mirada en el Dr. Leo, y repitió su pregunta con un tono que demandaba claridad:

--"Vuelvo y le pregunto, doctor, ¿por qué cerraron su clínica hace unos meses?"—

El Dr. Leo, con una expresión medida, respondió detalladamente:

--"Sucede que una paciente que tenía un desorden genético que desconocíamos, experimentó una reducción en la eliminación del sedante, yendo en paro respiratorio y necesitando resucitación cardiopulmonar por un periodo extenso de más de una hora. Ella había firmado un consentimiento donde entendía que existe un porcentaje muy bajo de casos en los que pacientes con defectos genéticos en la eliminación de drogas del cuerpo pueden experimentar esta complicación descrita."—

Luego, con un tono que denotaba tanto esperanza como frustración, añadió:

--"Tan pronto nos exoneren de toda culpa criminal, se podrá reanudar la labor en la clínica, agente"—

Esta respuesta del Dr. Leo estaba cargada de implicaciones legales y médicas, y reflejaba la complejidad de los procedimientos en su clínica que, según él, habían sido suspendidos temporalmente por un evento desafortunado pero aparentemente anticipado en los consentimientos médicos.

Alfredo Montesinos se encontraba en una posición complicada. A pesar de sus sospechas y las preguntas inquietantes que había formulado durante la entrevista, no había logrado obtener pruebas concretas que implicaran directamente al Dr. Leo en el crimen. Sin evidencia sólida que justificara una detención o mayores acciones legales, Alfredo se vio obligado a permitir que el doctor se marchara, aunque con una recomendación firme y cautelosa:

--"Le pido que no salga del país hasta que se esclarezca este crimen y usted quede completamente exonerado de cualquier sospecha,"-- le indicó, esperando asegurar algún grado de control sobre la situación.

Consciente de que necesitaba profundizar más en el pasado y las conexiones del Dr. Leo, Alfredo decidió dirigirse a la escuela de medicina donde Leo había completado su formación. Su intención era hablar directamente con los profesores que habían estado a cargo de la educación médica del doctor. Pensaba que, al explorar el entorno académico y profesional de Leo, podría descubrir irregularidades o testimonios que no habían salido a la luz durante las investigaciones preliminares.

Al llegar a la institución, comenzó a organizar reuniones con el personal docente que conocía de cerca al Dr. Leo, buscando entender mejor su carácter, habilidades y sobre todo, cualquier comportamiento pasado que pudiera estar relacionado con los hechos que ahora lo vinculaban a un homicidio. Alfredo esperaba que estas conversaciones le proporcionaran la información faltante que necesitaba para construir un caso más robusto o, por lo menos, entender más claramente la naturaleza del enigmático doctor.

Alfredo Montesinos llevó a cabo entrevistas con varios de los antiguos profesores en la escuela de medicina donde se había formado el Dr. Leo. Uno de estos profesores, un destacado cirujano pediátrico, fue particularmente crítico con respecto a Leo. Expresó su descontento sobre el carácter egocéntrico del estudiante, destacando que, a pesar de sus calificaciones de honor, su personalidad dejaba mucho que desear.

--"No era adecuado para la promoción,"-- comentó el cirujano, refiriéndose a una decisión que había tomado de oponerse a que Leo avanzara de año tras un incidente preocupante con una paciente. --"Recuerdo claramente el caso que me hizo cuestionar su ética profesional. Una niña de 12 años fue ingresada de urgencia con un diagnóstico de ovario torcido. Leo, quien estaba de guardia esa noche, decidió no intervenir inmediatamente. Su justificación fue que el procedimiento necesario era simplemente distorsionar el ovario, algo que según él, podía esperar hasta la mañana, independientemente del estado del tejido,"-- explicó el cirujano con evidente frustración.

El profesor continuó, --"Esa actitud despreocupada hacia una emergencia médica real, donde cada minuto cuenta, era alarmante. No podía permitir que alguien con tan poco respeto por la urgencia médica avanzara sin enfrentar serias repercusiones."--

A pesar de estos severos cuestionamientos a su carácter, otros profesores de la escuela de medicina, aunque reconocían su habilidad académica, también admitían a regañadientes que Leo era brillante en lo académico. -- "Es cierto que era un estudiante de honor y sus calificaciones lo demostraban,"-- agregaron, contrastando la crítica de su ética con reconocimientos a su desempeño académico.

Alfredo Montesinos recibió una pista crucial de uno de los compañeros de clase de Leo, que también pertenecía al exclusivo grupo de siete estudiantes con altos promedios académicos nombrados a la sociedad de honor Alfa Omega Alfa y ahora era facultad de la escuela de medicina. Esta información surgió como un destello de claridad en medio de lo que parecía un misterio insondable. El colega de Leo, en un tono casual, reveló algo que podría ser la llave para resolver mejor la situación:

--"Es interesante, agente, pero Leo se quejó cuando nos nombraron a la sociedad de honor Alfa Omega Alfa,"-- mencionó el doctor de forma casi inadvertida.

Intrigado, Alfredo profundizó en el comentario:

--"¿Por qué dice eso, doctor?"--

El médico continuó con una explicación que añadió una dimensión completamente nueva al caso:

--"Es que a nosotros siete nos solicitaron una muestra de semen en el tercer año de medicina para almacenarlo, debido al alto índice académico y el coeficiente de inteligencia que teníamos,"-- explicó.

Luego, añadió detalles sobre el propósito de esa colecta de muestras:

--"Lo usaban para inseminar a alguna paciente cuya pareja tuviera azoospermia, es decir, que el hombre no formaba espermatozoides y no podía fertilizar a su pareja,"-- y prosiguió, aclarando aún más:

--"Es un banco de esperma de personas con un alto índice de inteligencia, que está catalogado para que quien lo vaya a usar sepa más o menos las características genéticas del donante."--

Esta revelación sobre la práctica del banco de esperma y la resistencia de Leo a participar en el mismo abrían nuevas líneas de investigación que Alfredo podría explorar, quizás acercándolo un paso más a la verdad detrás del misterioso caso.

La revelación del colega de Leo resultó ser un dato de enorme relevancia para Alfredo Montesinos, iluminando un camino potencialmente fructífero en su investigación. Este nuevo fragmento de información despertó una idea estratégica en la mente del investigador: si lograba acceder al material genético almacenado de Leo en el banco de esperma, podría compararlo con las muestras recolectadas de la víctima en la escena del crimen. Esta conexión genética podría proporcionar el eslabón perdido que había estado buscando para fortalecer su caso contra Leo.

Pensó en cómo el semen de Leo, preservado por su alto valor académico y cognitivo, si coincidía con el encontrado en Amarilis, no solo vincularía a Leo con el lugar del asesinato de una manera inequívoca, sino que también podría ser la prueba definitiva que necesitaba para establecer su culpabilidad más allá de cualquier duda razonable.

Con esta nueva pista en mano, Montesinos planificó su siguiente movimiento: obtener una orden judicial para acceder a ese material genético. Sabía que el proceso podría ser complicado y requeriría argumentación detallada ante los tribunales para justificar la invasión de la privacidad y la confidencialidad médica, pero estaba determinado a seguir esta ruta. La posibilidad de cerrar el caso con pruebas concluyentes lo impulsaba a moverse rápidamente y con precisión.

La muestra de semen de Julio Leo Salazar, meticulosamente preservada en el banco de esperma de la escuela de medicina, yacía en estado de congelación, guardada a una temperatura óptima para su conservación. La tarea que enfrentaba Alfredo Montesinos no era menor: necesitaba obtener esa muestra, descongelarla cuidadosamente, y prepararla para un análisis comparativo exhaustivo con el material genético hallado en la escena del trágico asesinato de Amarilis.

Este proceso estaba cargado de tensión emocional. Por un lado, la posibilidad de finalmente conectar a Julio con el crimen a través de pruebas irrefutables le daba a Montesinos una esperanza renovada de justicia para Amarilis. Por otro lado, la naturaleza invasiva y técnica del procedimiento requería una precisión y una calma que eran difíciles de mantener, sabiendo lo mucho que estaba en juego.

Con la autorización necesaria en mano, el semen fue extraído de su entorno criogénico. Cada paso del proceso de descongelación fue supervisado con extremo cuidado para evitar cualquier posibilidad de contaminación o degradación del ADN que pudiera comprometer los resultados del análisis.

Finalmente, la muestra fue preparada y analizada vis-à-vis con el ADN encontrado en Amarilis. Este momento crítico no solo representaba un punto de inflexión potencial en la investigación, sino también una carga emocional intensa para Montesinos, quien se encontraba ante la posibilidad de resolver un caso que había consumido tanto de su energía y recursos emocionales. La espera por los resultados fue un periodo de ansiedad aguda y expectación, donde cada segundo parecía prolongarse indefinidamente.

Después de una angustiosa espera de dos semanas, durante las cuales Alfredo Montesinos apenas pudo contener su ansiedad, los resultados del análisis genético finalmente llegaron desde un prestigioso laboratorio de referencia en los Estados Unidos. Cada día de espera había sido un torbellino de emociones y planificaciones, incluyendo los preparativos para unas muy necesitadas vacaciones en la idílica isla de Mórea, un paraíso polinesio que Alfredo había prometido revisitar una vez resuelto el caso.

El documento que contenía los resultados del análisis fue abierto con manos temblorosas pero llenas de esperanza. La prueba, realizada con la máxima precisión científica, demostró fuera de toda duda razonable que las muestras de semen recuperadas del cuerpo de Amarilis y las almacenadas por el Dr. Leo coincidían en un 99.9%. Las implicaciones de este hallazgo eran claras y concluyentes: el Dr. Leo Salazar era, sin lugar a duda el responsable directo del asesinato de Amarilis.

Esta confirmación cayó como un mazo sobre la mesa de Montesinos, solidificando todas sus sospechas y esfuerzos investigativos en una verdad ineludible. El doctor, con toda su educación y su fachada de respetabilidad, era un asesino. La justicia, que parecía tan esquiva durante la investigación, finalmente se manifestaba en la forma más irrefutable posible: pruebas de ADN.

La conclusión de este análisis no solo marcaba el final de un capítulo turbulento en la búsqueda de justicia para Amarilis sino que también permitía a Montesinos cerrar el caso con la certeza de que el culpable no quedaría impune. Con el corazón pesado por la memoria de la víctima y aliviado por la resolución del caso, Alfredo comenzó a prepararse para su viaje a Mórea, un viaje que ahora simbolizaba el cierre y el comienzo de un necesario periodo de recuperación y reflexión después de un caso tan desafiante y emotivo.

Veinticuatro horas después de que los laboratorios en los Estados Unidos enviaran aquel resultado genético inequívoco, que señalaba al Dr. Leo Salazar como el asesino de Amarilis, la maquinaria de la justicia comenzó a moverse con una determinación implacable. Una orden de detención fue emitida sin demora, y el doctor, enfrentado con la abrumadora evidencia de su propia culpabilidad, no tardó en admitir los horrendos actos que había cometido.

En un acto de resignación y quizás, entendiendo la futilidad de negar lo innegable ante la precisión científica del ADN, el Dr. Leo optó por aceptar una condena severa. Se acogió voluntariamente a una sentencia de noventa y nueve años por los delitos de asesinato, secuestro y mutilación, cerrando así el capítulo legal de su vida con un final marcado por la reclusión y el remordimiento.

Mientras tanto, en un lugar donde los olivos quizá dejen de crecer y las piedras no tengan ya memoria del sol que las calentaba, los padres de Amarilis enfrentaban el doloroso proceso de cerrar las heridas emocionales que el brutal asesinato de su única hija había infligido. Con la certeza de que se había hecho justicia, pudieron finalmente organizar un acto de sepultura digno de la memoria de Amarilis. En una pequeña humilde iglesia de su pueblo, rodeados de varios vecinos y pocos seres queridos, llevaron a cabo una ceremonia cargada de tristeza pero también de cierto alivio, sabiendo que la justicia terrenal había sido servida.

Así, Amarilis fue enterrada en un rincón tranquilo del cementerio local, bajo la sombra de los cipreses que parecen guardar los secretos de los que allí descansan. Sus padres colocaron una simple cruz de madera sobre su tumba, inscribiendo en ella un epitafio que hablaba de amor y pérdida, de vida y de injusticia reparada. En ese lugar sagrado, ofrecieron oraciones por su alma, esperando que en algún otro mundo, en alguna otra realidad, Amarilis pudiera encontrar la paz que aquí le fue arrebatada tan cruelmente.

Alfredo Montesinos saco su billete de avión utilizando la línea aérea 'Tahití Nui' con su bello sello de la flor 'Tiare', con destino a Tahití, cuna de los tatuajes de piel, seguido de un transbordador marítimo hacia la sublime isla de Mórea.

* * *

Sobre el Autor

Nacido el 14 de abril de 1954 en San Juan, Puerto Rico, el Dr. Humberto Lugo Vicente, mejor conocido por Tito Lugo, es una figura distinguida en el ámbito de la cirugía pediátrica. Su carrera se ha distinguido por un compromiso ferviente tanto con la medicina como con la comunidad a la que atiende.

Durante su formación en el Colegio San José de Río Piedras, el Dr. Lugo Vicente no solo destacó en sus estudios, sino también lideró la banda de rock local "The Red Stones". Demostró habilidades excepcionales en áreas tan variadas como la música y las artes marciales, donde alcanzó cinturones negros en Shotokan y marrones en Taekwondo. Su empeño en financiar su educación en karate, a través de la venta de periódicos y otros trabajos, refleja su temprano compromiso con sus metas.

Graduado de la Universidad de Puerto Rico Magna Cum Laude en Ciencias, especializándose en Química y Bioquímica, el Dr. Lugo Vicente fue reconocido con la medalla de Química y la medalla Facundo Bueso por su sobresaliente desempeño académico. Continuó brillando en sus estudios de medicina en la misma universidad, graduándose como miembro de Alpha Omega Alpha, la sociedad de honor médica.

El Dr. Lugo Vicente ha marcado un hito en la cirugía pediátrica a lo largo de su carrera. Completó su especialización en Cirugía General y Pediátrica en la Universidad de Puerto Rico. Luego se unió a la facultad como Profesor de Cirugía Pediátrica. Su compromiso con la excelencia en la educación lo llevó a ocupar varios puestos de liderazgo, incluyendo el de presidente de la Facultad Médica y Director del Departamento de Cirugía del Hospital Pediátrico Universitario.

El Dr. Lugo Vicente ha sido un defensor incansable de la mejora de los servicios médicos en Puerto Rico, especialmente en su lucha por equipar al Hospital Pediátrico Universitario con salas de operación modernas. Esto ha beneficiado a innumerables niños y familias.

Fuera de su carrera médica, disfruta de una vida familiar enriquecedora junto a su esposa Wanda Torres Otero y sus cuatro hijos: Karlos, Alex, Javier y María del Carmen. Su dedicación al bienestar comunitario y su pasión por la medicina siguen siendo una fuente de inspiración para las nuevas generaciones.

Actualmente, el Dr. Lugo Vicente practica en su consultorio privado en el Hospital San Jorge y el Hospital Pediátrico Universitario. Allí proporciona atención médica de calidad, a la vez que cultiva sus intereses en la pintura al óleo, escritura y enología, siempre manteniendo el equilibrio y la moderación que caracterizan su filosofía de vida.

Otros Libros del Autor

https://www.amazon.com/author/titolugo.md
https://www.lulu.com/spotlight/titolugomd

1- Aquamistic (Spanish and English)
2- El Gran Sueño / The Great Dream
3- Marca de Faraón / Mark of Pharaoh
4- La Isla del Retiro / The Island of Retirement
5- Espejismos en la Red / Digital Deceptions
6- Voces del Silencio / Voices of Silence
7- Travos… (Spanish and English)
8- Misericordia Letal / Lethal Mercy
9- Pirulo… (Spanish and English)
10- …Elipsis… / …Ellipsis…
11- Precognición / Precognition
12- Simpronio… (Spanish and English)
13- Travesía del Destino
14- El Escritor Olvidado
15- The Forgotten Writer

* * *

www.ingramcontent.com/pod-product-compliance
Lightning Source LLC
Chambersburg PA
CBHW071158240526
45470CB00017B/342